久久为功·职教高考
作文一本通

主　编：刘蓉蓉　　晏　静　　方铁民
副主编：张亮华　　曾菁菁　　唐澄澄　　赖　颖
　　　　肖　娟　　谭　靖
编　委：杨柳华　　刘　影　　周　荃　　周　雯
　　　　左希超　　沈　琳　　范　郁　　陈　恒
　　　　蔡玉珠　　罗　建　　于　秦　　张　莉
　　　　周　静　　薛　蕾　　梁欣欣

北京理工大学出版社
BEIJING INSTITUTE OF TECHNOLOGY PRESS

图书在版编目（CIP）数据

久久为功：职教高考作文一本通 / 刘蓉蓉，晏静，
方铁民主编. -- 北京：北京理工大学出版社，2025.5.
ISBN 978-7-5763-5080-7

Ⅰ. G634. 343

中国国家版本馆 CIP 数据核字第 20253UB595 号

责任编辑：李慧智　　　　**文案编辑**：李慧智
责任校对：王雅静　　　　**责任印制**：施胜娟

出版发行 / 北京理工大学出版社有限责任公司

社　　址 / 北京市丰台区四合庄路 6 号

邮　　编 / 100070

电　　话 / （010）68914026（教材售后服务热线）
　　　　　　（010）63726648（课件资源服务热线）

网　　址 / http://www.bitpress.com.cn

版 印 次 / 2025 年 5 月第 1 版第 1 次印刷

印　　刷 / 定州启航印刷有限公司

开　　本 / 889 mm×1194 mm　1/16

印　　张 / 10

字　　数 / 198 千字

定　　价 / 42.00 元

PREFACE 前言

　　在职业教育蓬勃发展的当下，职教高考成为广大中职生通往高等学府的重要渠道。语文作为职教高考的关键科目之一，作文的分值几乎占据了半壁江山，其重要性显而易见。可以说，在某种程度上，"成也作文，败也作文"。

　　然而，在一线教学实践中，尤其是作文教学，面临着诸多挑战。目前，作文教学缺乏系统性和完整性，"小作坊式"或"游击战"的教学模式依然广泛存在。加之中职学生普遍写作水平不高，写作兴趣缺乏，这导致学生陷入"不愿写"和"写不好"的困境。同时，教师在作文教学方面的有效性和成就感也日益减弱。而目前市面上聚焦职教高考作文方向的教学用书屈指可数，高品质又实用的更是寥寥无几，基于此，我们组织了一批经验丰富的职教高考语文教师，编写了这本《久久为功·职教高考作文一本通》，旨在为一线教师提供精准有效的作文教学指导，为广大职教考生搭建一座通往作文高分的坚实桥梁。

　　本教材具有如下特点：

一、全面梳理"技法篇"

　　本教材主要围绕近年热考的新材料作文，依次从"审题立意""标题拟写""开头""分论点设置""核心段落""结尾"六个方面深入探讨，详细梳理了新材料作文的写作技巧，以帮助中职生快速掌握作文要领，提升其写作水平。此外，每个部分都有精炼的技法点拨和详细的实例解析，通过对照例文，结合实战演练，让中职生不断领悟作文的真谛。

二、精心打磨"素材篇"

　　如果说作文技法是助力考生攀登作文高峰的"登山杖"，那么，作文素材就是攀登高峰不可或缺的"登山梯"。本教材特别注重"素材篇"的打磨，力求为中职生提供全面、实用、新颖的作文素材。在"素材篇"中，本教材按照时间轴精心筛选古今中外的人物素材和当今时事热点。此外，每则素材都有一句话概括、人物（事件）简介、人物（事件）评

词、适用主题，考生们"按图索骥"，再也不必为"无米之炊"而苦恼不已。

三、深度剖析"考场文"

本教材精心挑选了历年职教高考作文真题以及广东省各市调研考、联考等模拟考试中的优秀范文，深入剖析了审题立意、结构布局、语言表达等多个维度，旨在帮助中职生解锁高分作文秘诀，深入领会作文的核心要义。每篇范文后附有一线名师的详细点评与深度剖析，便于中职生能够更直接地把握作文的写作技巧，从而在实际写作中灵活运用，提升自己的写作水平。此外，本教材还归纳了考场作文中常见的失误，提醒中职生规避这些误区，确保他们在考试中能够发挥出最佳水平。

四、权威汇聚"名师团"

本教材特邀多位职教领域的一线名教师，他们来自特区名校，长期担任高三把关教师，积累了深厚的专业知识和丰富的作文教学经验。他们针对高职高考语文新材料作文的特性，结合自己多年的教学实践，精心提炼出一系列实用的写作技巧，毫无保留地分享多年教学沉淀的写作秘笈。我们相信，在这些资深权威名教师的引领下，广大师生一定能够在作文教学的道路上不断前行，取得更加优异的成绩。

本教材的编写，凝聚了众多一线教师的心血和智慧。我们希望通过这本教材，能够让广大师生在高职高考作文备考上多一份自在从容，多一些"武林秘笈"，多一点内在底气。然而，由于编者水平有限，书中难免存在错误疏漏之处，恳请读者不吝批评指正，以便再版时修订和完善。

作文教学之路任重道远，但我们坚信，只要师生共同努力，不断探索，作文教学的春天必将到来。愿本书能为广大师生提供一份有益的参考，助力学子们在职教高考中取得优异成绩，书写属于自己的精彩篇章。

编　者

CONTENTS 目录

第一部分　技巧篇

第一章　审题立意 　/3

第二章　标题设置 　/14

第三章　开头 　/22

第四章　分论点设置 　/32

第五章　分析论证段 　/43

第六章　结尾 　/56

第二部分　素材篇

第七章　人物类素材 　/73

　曹操 　/73

　苏轼 　/74

　辛弃疾 　/76

　范仲淹 　/77

　柳宗元 　/78

　王安石 　/79

　鲁迅 　/80

　袁隆平 　/81

　钟扬 　/83

　屠呦呦 　/84

　黄旭华 　/86

　于敏 　/87

　南仁东 　/88

　孙家栋 　/89

　于漪 　/91

　张桂梅 　/92

　叶嘉莹 　/93

　樊锦诗 　/94

　饺子（杨宇） 　/95

　李子柒 　/96

　郎平 　/98

　郭晶晶 　/99

　马龙 　/100

苏炳添 /101
江旻憓 /102
刘传健 /103
陈祥榕 /104
江梦南 /105
路生梅 /105
黄文秀 /106
王计兵 /107
王亚平 /107
桂海潮 /108
任正非 /109
雷 军 /110
梁文锋 /111
王兴兴 /111
薛其坤 /112
颜 宁 /113

埃文·凯尔 /114
宫崎骏 /116
毛 姆 /117
丘索维金娜 /118

第八章　事件类素材 /120

红色基因，薪火相传 /120
锐意变革，开拓创新 /122
重器铸魂，匠心传薪 /125
AI破茧·智启双刃 /129
守望生态文明，绘就绿色中国 /132
技能成才，自信人生 /135
文化传承，匠心永续 /138
文化创新，让文化活起来 /140

参考答案 /143

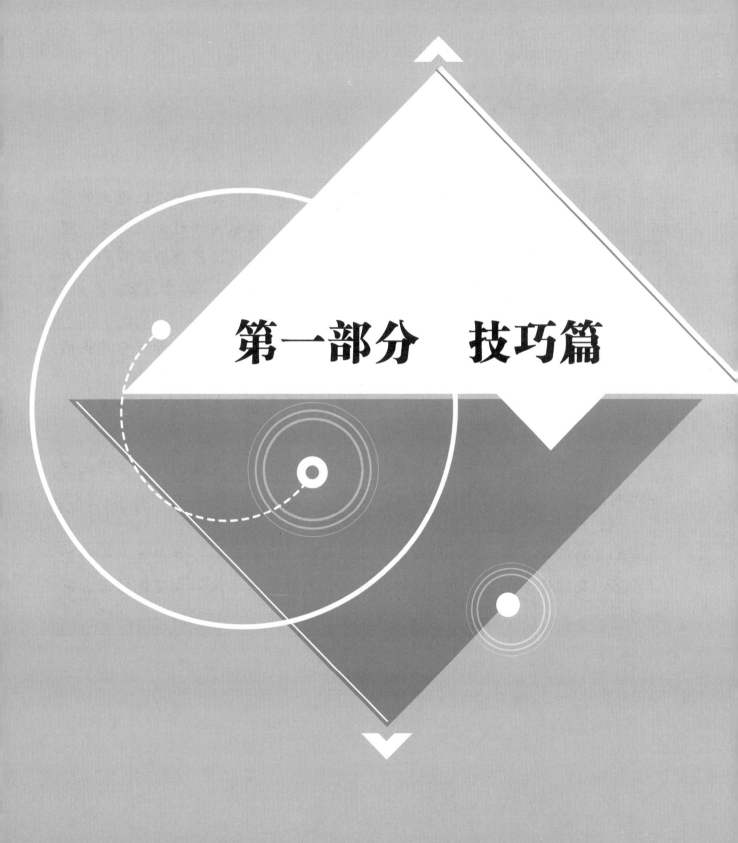

第一部分　技巧篇

近年来，高职高考中材料作文频繁出现，且多数作文适合以议论文的形式呈现。本书主要探讨材料作文中的议论文写作。记叙文通过讲述故事，塑造生动的人物和曲折的情节来吸引读者；而议论文则通过严密的逻辑和有力的论证来阐述道理。因此，一篇完整的议论文通常包括以下五个部分：

（1）开头段：引入材料并分析，提出中心观点；

（2）解释段：引用名言或自创富有文采和哲理的句子，解释中心论点的核心概念；

（3）主体段：通常分为三段，每段通过一个分论点来支持中心论点，结构包括观点句、材料句、解释句、分析句和结论句；

（4）扩展段：列举古今中外的经典案例，运用排比手法，进一步强化中心论点；

（5）结尾段：总结并升华主题。

本书的第一部分技巧篇从审题立意、标题、开头、分论点设置、分析论证段落以及结尾等六个方面，详细讲解议论文的写作方法，希望能对读者有所帮助。

第一章　审题立意

材料作文是当前高职高考作文一种主流的命题方式。写材料作文要先细致研读材料，从材料中获取重要信息，基于材料提炼作文的核心观点，为写作做好准备。

 **要点解读**

一、概念厘清

清代王夫之说："意犹帅也。无帅之兵，谓之乌合。"审题是驭文之首术，立意是谋篇之大端，是一篇文章的根本。审题和立意直接关系到文章的选材、布局，乃至文章思想的深度。立意的正误高下，决定了文章的成败得失。所以，在写作中，首先要学会仔细审题，精准立意。

审题就是深入思考和反复推敲出题人所给的作文材料，准确全面理解材料的含意，并概括出材料的中心、主旨，确立写作中心。审题＝审材料+审引导语+审要求（角度、文体、字数、何种格式）。简单地说，就是"要我写什么"。

立意就是在审题的基础上，确立写作的中心（主题思想），明确所写作文中自己的观点态度和通过作文所要表达的情感。简单地说，就是"我要写什么"。

从高考评卷实践来看，影响作文成绩最重要的因素是是否切合题意。在结构、语言等方面不出现"硬伤"的前提下，切题成为打动"特殊读者（评卷人）"的主要因素。

二、行文准则

（一）审题三原则

（1）整体性原则：作文的审题要有全局意识，要从材料的整体着眼，不能纠缠局部的

细节，否则很有可能出现偏题跑题现象。

（2）多向性原则：一般来说，新材料作文中材料所蕴含的观点并不是唯一的，要有"横看成岭侧成峰"的审题意识，从不同的角度可以得到不同的结论，因此要学会从多角度审视材料。

（3）筛选性原则：因为我们从材料中获得的观点具有多样性，因此，在进入写作时对所得到的观点还要进行适当的筛选。筛选的原则：①服从材料的整体；②观点力求新颖；③自己有话可说。

（二）立意四标准

（1）准确：要正确把握材料的主要意思和要求，并在材料范围内立意，而不能只抓住材料中的只言片语，以偏概全。

（2）新颖：要打破常规思维，选取新的切入点，写出让人眼前一亮的文章，不落俗套。

（3）高远：文章格调要高尚，感情倾向要积极健康，而不是充满低级趣味。优雅的风度、高雅的情怀，反映在文章中就是高尚的文品。

（4）深刻：透过现象看本质，不能只抓表象，就事论事。要求考生对生活有敏锐的观察力，对材料有深刻的开掘力，对生活内容有高度的概括力。

三、技法点拨

（一）提炼中心法

这是写材料作文最为常见且最为稳妥的审题立意方法。写材料作文时，如果能准确地提炼出材料的中心，并以其作为文章的主旨，一定会使所写文章既切题又有深度。提炼中心法主要是找出材料中的关键句或暗示性语言，提炼出材料的基本观点或材料所表达的中心思想。

〰〰〰〰〰〰〰〰〰〰〰〰〰〰〰〰〰〰〰〰〰〰〰〰〰〰〰〰〰〰〰〰

【典例1】阅读下面的材料，根据要求作文。

在非洲草原上，有一种"尖毛草"，在成长初期，它几乎是草原上最矮的草，混在其他草里毫不起眼，甚至看不出它在生长。在雨季前的半年时间里它悄无声息地向下扎根、积蓄能量，根部长达几十米，当雨季到来时，便突然爆发，在短短几天时间里迅速生长，在草原上形成一道"高墙"，成为名副其实的"草地之王"。这种现象被称为"尖毛草效应"。

其实，历史发展、社会变迁、文化传承、科技创新乃至生活学习中，都有类似现象。请结合材料写一篇文章，体现你的感悟与思考。

要求：选准角度，确定立意，明确文体，自拟标题；不要套作，不得抄袭；不得泄露个人信息；不少于700字。

审题：

材料借助"尖毛草现象"，引发我们对于人生的思考。从尖毛草的成长经历来看，可以得到两点人生启示：

其一是成功需要长期的坚持和刻苦的忍耐。人生旅途中，确定目标容易，要排除现实的干扰却很难。因为现实中有着很多的诱惑，人的欲望不断膨胀，多数人耐不住寂寞，守不得清贫，于是患得患失，积极追求着感官的刺激和物质的享受。真正甘于守拙的人不声张，宛如尖毛草一般，默默积蓄，等待时机成熟，断然出击，毫不犹豫。成功就在这种艰难的忍耐和等待里。

其二是厚积才能薄发。尖毛草开始的时候不显山，不露水；默默地扎根地下，为自己储备水分，积蓄力量；当基础工作完成，具备生长的条件了，便一鸣惊人，成就自己美丽的人生。对于我们个人来说，也许你现在做的事情看不到成果，但不要害怕——你并不是没有成长，而是在默默扎根。只要能坚持下去，厚积薄发，终会迎来成功的一天。

参考立意：

（1）聚沙成塔，集腋成裘；

（2）坚持和忍耐，奠定成功的基石；

（3）甘守寂寞，蓄势待发。

【典例2】 阅读下面的材料，根据要求作文。

一位画家对自己刚完成的一幅作品非常满意，他把这幅画放到大街上，并在旁边写上：请把你认为不完美的地方画上圈。等晚上拿回来的时候，画家发现画上画满了圈，这让他非常失落和沮丧。有一位老者建议他换个方式再试一试。画家于是画了一幅同样的作品放到大街上，并在画旁写上：请把你认为完美的地方画上圈。结果，他发现上面同样画满了圈。

要求：自选角度，确定立意，明确文体（诗歌除外），自拟标题；不要脱离材料内容及含意的范围作文；不要套作，不得抄袭；不少于700字。

审题：

材料中一位画家两次把相同的作品放到大街上请路人点评，只是画旁边的提示语不同，结果却是天壤之别。由此可见，换个方式，人们对同样的事物会有不同的评价。

参考立意：

（1）换个方式，结果大不同；

（2）不同的标准，不同的结果；

（3）做好自己最重要，你难以让所有人都满意。

【即时训练1】 阅读下面的材料，用提炼中心法确定立意。

中国杂交水稻之父袁隆平说："我的工作让我常晒太阳，呼吸新鲜的空气，这使我有个好身体。我梦见我种的水稻长得像高粱那么高，穗子像扫把那么长，颗粒像花生那么大，我和我的朋友，就坐在稻穗下乘凉。"

要求：选择一个角度构思作文，自定立意，自选文体，自拟标题；不要脱离材料内容及含意的范围，不要套作，不得抄袭；不少于700字。

你的立意：

_____

_____

_____

（二）抓关键词句法

关键词是指材料中反复出现的词语，具有暗示中心的作用，可以作为选择立意的突破口。关键句主要指材料中表达一定观点、情感、态度的句子。这些是审题的关键、立意的核心。

【典例1】 阅读下面的材料，根据要求作文。

青春是花样年华。毛泽东的青春"指点江山，激扬文字"；闻一多的青春化身红烛，创造光明；林觉民的青春在信仰的坚守中得以永生。"香雪们"的青春纯真而质朴，在向往和追求中绽放美好……怀着美好的梦想、纯真的感情，带着对自我的认识、对社会的思考和对理想的追求，我们就此迈出人生最重要的一步。

正值青春年少的我们，读完以上材料，有怎样的理解和思考呢？请写一篇文章。

要求：选准角度，确定立意，明确文体，自拟标题；不要套作，不得抄袭；不得泄露个人信息；不少于700字。

审题：

抓住关键词"青春"。它暗示考生在写作中不仅要探讨青春的本质与价值，而且要展现出青春的活力与激情。"怀着美好的梦想、纯真的感情，带着对自我的认识、对社会的思考和对理想的追求"这句话给出了青春的丰富维度，要求考生在行文中要融入梦想、情感、自我认知和社会责任感等多层面的思考。

参考立意：

（1）青春，当以奋进为底色；

（2）以飞扬之青春，绘时代之华章；

（3）以青春之名，扬奋斗之志。

【典例2】 阅读下面的材料，根据要求作文。

屈原说："路漫漫其修远兮，吾将上下而求索。"刘禹锡说："千淘万漉虽辛苦，吹尽狂沙始到金。"这些富有哲理的话道出了探索的真谛，说出了探索者的心声。古往今来，圣者、贤人的创业足迹无不印证着一个朴素的道理：有拼搏才有回报，有探索才有成功。

以上材料对我们颇具启示意义。请结合材料写一篇文章，体现你的感悟与思考。

要求：选准角度，确定立意，明确文体，自拟标题；不要套作，不得抄袭；不得泄露个人信息；不少于700字。

审题：

本次材料作文的最后一句是关键句：有拼搏才有回报，有探索才有成功。

材料中两句话共同体现了探索的重要性以及探索者所应具备的坚韧不拔的精神。屈原这句话启示我们，探索是一个漫长而艰难的过程，但只要我们有坚定的信念和毅力，就能够克服一切困难，不断前进。刘禹锡这句话告诉我们，探索的过程虽然艰辛，但只有通过这样的过程，我们才能真正地成长和进步，最终实现自己的目标。

参考立意：

（1）经千淘万漉，促青年求索；

（2）千淘万漉去泥沙，探索成功绽芳华；

（3）于风雨中砥砺才干，于磨砺中助力探索。

【即时训练2】阅读下面的材料，用抓关键词句法确定立意。

每个人内心都有自己的英雄。为理想信念英勇牺牲的革命者，为国家富强无私奉献的改革者，为百姓免受灾难奋不顾身的普通人……每个群体都有不同的英雄。英雄不一定都是建立千秋大业的伟人，英雄也可以是平凡的人，英雄是一种精神、一种情怀。一个有希望的民族不能没有英雄。虽然时代变迁，但是英雄主义情怀，始终不能被磨灭。

请结合材料写一篇文章，体现你的感悟与思考。

要求：选准角度，确定立意，明确文体，自拟标题；不要套作，不得抄袭；不能泄露个人信息；不少于700字。

你的立意：

_____

_____

_____

（三）由果溯因法

事物都是互相联系的。比如，有很多事物就是以因果关系的联系形式存在的。写材料作文，审题时如果能由材料中列举的现象或结果推究出造成所列现象或结果的本质原因，往往能找到最佳立意。

【典例1】阅读下面的材料，根据要求作文。

1968年，美国马里兰州的一所实验室中诞生了25号宇宙，一个叫作约翰·卡尔宏的

人，成了这个宇宙的造物主。他将四只公鼠和四只母鼠放到了25号宇宙当中，这里面有老鼠们永远也吃不完的食物和水，而且实验人员也会时刻保护着这些老鼠，让他们远离一切外来的伤害，比如疾病、气候、陷阱等。在此期间，盒子里的老鼠在最高峰时期规模达到了两千只。但是，历经5年的自然繁衍，25号宇宙的老鼠最终灭绝了。

以上材料对我们颇具启示意义。请结合材料写一篇文章，体现你的感悟与思考。

要求：选准角度，确定立意，明确文体，自拟标题；不要套作，不得抄袭；不得泄露个人信息；不少于700字。

审题：

找出结果，即老鼠们灭亡了。为什么？找出原因，即25号宇宙中的老鼠食物、水源充足，生活安逸，受到了极好的保护，远离了一些伤害。它们生活太安逸了，没有竞争，没有忧患，没有一点点的伤害！根据原因确定立意，这里的结果是坏的，所以我们要否定、批判25号宇宙中老鼠们的行为。

参考立意：

（1）生于忧患，死于安乐；

（2）艰难困苦，玉汝于成；

（3）直面苦难，在苦难中成长。

【典例2】阅读下面的材料，根据要求作文。

马嘉鱼很漂亮，银肤燕尾大眼睛，平时生活在深海中，春夏之交溯流产卵，随着海潮漂游到浅海。渔人捕捉马嘉鱼的方法挺简单：用一个孔目粗疏的竹帘，下端系上铁，放入水中，由两只小艇拖着，拦截鱼群。马嘉鱼的"个性"很强，不爱转弯，即使闯入罗网之中也不会停止。所以一只只"前赴后继"地陷入竹帘孔中，帘孔随之收紧。孔愈紧，马嘉鱼愈激怒，瞪起鱼眼，张开脊鳍，更加拼命地往前冲，结果被牢牢卡死，为渔人所获。

以上材料对我们颇具启示意义。请结合材料写一篇文章，体现你的感悟与思考。

要求：选准角度，确定立意，明确文体，自拟标题；不要套作，不得抄袭；不得泄露个人信息；不少于700字。

审题：

从结果入手：马嘉鱼死了。找出原因：不爱转弯，不思改变。根据原因确定立意。

参考立意：

（1）适时改变，是人生大智慧；

（2）灵活变通，柳暗花明；

（3）死于固执，生于变通。

【即时训练3】阅读下面的材料，用由果溯因法确定立意。

一只乌龟，在西部山区的小池塘里平淡无奇地生活了10年后，突然觉得它的一生不应

该这样度过，世界很大，它应该出去走走。开始它想游向大海，感受大海的辽阔，可一计算，要实现这个计划，至少需要200年时间，只好忍痛放弃了这个打算。

后来它又想降低难度，游向长江，感受奔腾的江水，可一计算，至少也需要100年时间，而且要跋山涉水，非常艰难。它不禁心生怯意，于是什么也不肯做，还是觉得小池塘生活惬意，最终碌碌无为，在小池塘中过完了一生。

要求：请根据对材料的理解，任选一个角度，明确立意，自定文体，自拟标题；不要套作，不得抄袭；写一篇不少于700字的文章。

你的立意：

_____

_____

_____

（四）求同存异法

多则材料作文就是由两则或者两则以上的单则材料所构成的一组材料的作文形式。多则材料作文中的材料往往具有相对独立性，同时又有着千丝万缕的关联。多则材料作文审题立意的难点在于，如何找准材料之间的内在联系，去全面、准确、周密地分析。

一般分为三步：一是弄清每则材料的内涵，二是辨析材料间的关系，三是确定立意。当多则材料的内涵有相同之处时，其方法是先逐则分析材料的内涵，然后比较几则材料的内涵，找出共同点，这个共同点就是作文的立意所在。当各则材料的内涵相反，构成鲜明的对比关系时，其方法也是先分析各则材料的内涵，再比较出分歧点，这分歧点即这组材料的作文立意所在。

【典例1】阅读下面的材料，根据要求作文。

材料一： 不错，目前的中国，固然是江山破碎，国敝民穷，但谁能断言，中国没有一个光明的前途呢？不，决不会的，我们相信，中国一定有个可赞美的光明前途。——方志敏

材料二： 国家是大家的。爱国是个人的本分。——陶行知

材料三： 若能做一朵小小的浪花奔腾，呼啸加入献身者的滚滚洪流中，推动人类历史向前发展，我觉得这才是一生中最值得骄傲和自豪的事情。——黄大年

要求：请根据对材料的理解，任选一个角度，明确立意，自定文体，自拟标题；不要套作，不得抄袭；写一篇不少于700字的文章。

审题：

材料中的三则名人名言各有侧重。方志敏——在国家处于困难、危急的关头，国民对国家前途未来抱有希望和信心；陶行知——爱国是国人必备的素养；黄大年——国民怎样爱国？即用自己的实际行动去改造和建设自己的国家，哪怕个体的力量十分微薄。

三则材料的内涵虽然不尽相同，但都有一个共同点——爱国，那么围绕这个共同点立意即可。

参考立意：

（1）传时代精神，扬爱国情怀；

（2）扬奋斗之帆，逐复兴之梦；

（3）传承爱国精神，争做时代弄潮儿。

【典例 2】阅读下面的材料，根据要求作文。

材料一：有人说，这是一个极好的时代，在我们身处的信息时代，大数据、算法、机器学习等新兴事物，已经渗透到每个人的日常生活中，每个人都可以享受信息便利。

材料二：有人说，这是一个极坏的时代，"信息茧房""玻璃笼子"等效应无处不在。（词语解读：信息茧房，指人们关注的信息领域会习惯性地被自己的兴趣引导，从而将自己的生活桎梏于像蚕茧一般的"房子"中的现象；玻璃笼子，暗喻在自动化的时代，彼此能看见，却又在笼子里面，无法逃离机械自动化的笼子。）

你如何看待这一现象？请结合以上材料写一篇文章，体现你的思考。

要求：自选角度，明确文体，自拟标题；不要套作，不得抄袭；不少于 700 字。

审题：

第一则材料指出信息时代带给我们的便利，第二则材料则指出信息时代形成的负面效应。两则材料均指出信息时代带给我们的两种不同情况，针对其分歧点进行立意。

参考立意：

（1）合理利用信息技术，让生活更有质量；

（2）打破信息茧房，避免作茧自缚；

（3）别让便利成为牢笼；

（4）莫因时代自作茧，开拓视野化成蝶。

【即时训练 4】阅读下面的材料，用求同存异法确定立意。

材料一：贫贱是苦境，能善处者自乐；富贵是乐境，不善处者更苦。

材料二：吃苦是良途，做苦事，用苦心，费苦劲，苦境终成乐境。

材料三：苦境会变为乐境，乐境也会成苦境，境由心造，事在人为，苦境、乐境都是对人生的考验。

你的立意：

_____

_____

_____

（1）（2025年广东省高职高考）阅读下面的材料，根据要求作文。

广东省人力资源和社会保障厅与广东广播电视台联合推出的大型技能人才成长纪实节目《2024技行天下》围绕"新职业、新培养、新工匠"的理念，展现技能人才风采，彰显广东在高技能人才培养方面的决心与成效，并为技能人才提供广阔的就业通道。

近年来，不少优秀的职业技术学子成为深受行业企业欢迎的技能精英，他们为企业提高生产效率，降低成本，用技能点亮乡村振兴之路……他们以一技之长回馈社会，成就了自己的精彩人生。

上述材料引发了你怎样的感触与思考？请写一篇700字以上的文章。

要求：自选角度，自拟标题，自选文体（诗歌除外）；不要套作，不得抄袭；不得泄露个人信息。

审题：

材料分为两部分，第一部分介绍广东省人力资源和社会保障厅与广东广播电视台联合推出的大型技能人才成长纪实节目《2024技行天下》，围绕"新职业、新培养、新工匠"理念，展现技能人才风采，体现广东培养高技能人才的决心与成效，还为其提供就业通道；第二部分指出不少职业技术院校的学子成为技能精英，为企业降本增效，助力乡村振兴，以技能回馈社会，成就精彩人生。本材料作文建议考生写作议论文，论述职业教育及技能人才的重要性、新工匠培养方式、职业技能成就精彩人生等。

参考立意：

①学好一技之长，成就人生理想；

②技能成才，强国有我；

③技能报国，青春绽彩。

（2）（深圳市中等职业学校2025届调研考试）阅读下面的材料，根据要求作文。

在2024年巴黎奥运会上，郑钦文过关斩将，勇夺网球女子单打项目冠军，打破了历年来欧美选手在此领域的垄断地位；潘展乐力克群雄，一举夺得男子100米自由泳冠军并打破世界纪录，实现了这个项目的历史性突破。郑钦文6岁开始练习网球，潘展乐4岁开始训练游泳，自幼年起，他们几乎每天刻苦训练，从不懈怠，沉潜其中十几年，才有了举世瞩目的突破。

你对以上材料有怎样的感触和思考？请写一篇不少于700字的文章。

要求：自选角度，立意自定，题目自拟，文体不限（诗歌除外）。

审题：

材料的审题难度不大，考生可通过抓关键词句法来确定立意。关键词很容易找出来：

"沉潜"与"突破"。沉潜原指在水里潜伏沉没，后来比喻为集中精神，潜心于某件事情或事业。首先，沉潜意味着静下心来、不急不躁，做事才能得心应手。此外，沉潜是一种摒弃浮躁、坚守初心的态度，是一种集中精神、积蓄力量的过程。突破，指打破困难与局限等。这两者的关系是条件关系，沉潜是突破的前提和基础，突破是沉潜的升华与结果。文章要厘清沉潜与突破的关系。

最佳立意：

做任何一件事，都必须经过多年沉潜蓄势，才能有所突破，最终获得成功。

（3）（深圳市中等职业学校 2024 届调研考试）阅读下面的材料，根据要求作文。

刘义檬，出生在黑龙江省肇源县的一个单亲家庭，母亲患有严重的类风湿病，瘫痪在床30 年，生活无法自理。义檬 3 岁开始就承担起照顾母亲的重担，洗衣、做饭、按摩、理发……什么活都干。考上大学后，她带着瘫痪母亲一起上学，利用课余时间勤工俭学，照顾母亲，但从不耽误学习，成绩一直名列前茅。她的故事感动了很多人，也因此获得了包括全国道德模范在内的很多荣誉。困苦磨难，没能阻挡刘义檬前进的脚步。

田素坤，2008 年入学滨州职业学院；2011 年考入枣庄学院；2013 年考入南华大学，读硕士研究生；2016 年在南京航空航天大学读博士研究生，顺利获得博士学位，并开始博士后研究；2023 年 5 月被聘为北京大学口腔医学院博士生导师。从一名高职学生到博士生导师，这是一个长达 15 年的追梦故事。回顾漫长而艰辛的求学历程，田素坤认为甘于吃苦、百折不挠的个性是支撑他追逐梦想、慨然前行的原动力。

你对以上二则材料有怎样的感触和思考？请写一篇不少于 700 字的文章。

要求：自选角度，立意自定，题目自拟，文体不限（诗歌除外）。

审题：

材料的审题难度不大，但真正要读懂材料，还需要有一定的思辨能力。考生可通过抓关键词句法来确定立意。两则材料的关键词很容易找出来："困苦磨难""甘于吃苦、百折不挠"。二则材料有一个共同的关键词"苦"。

最佳立意：

肯吃苦、敢吃苦、甘于吃苦。

 实战演练

请运用所学的审题立意方法，根据要求写出立意。

（1）阅读下面的材料，根据要求作文。

中国上下五千年的历史，孕育了璀璨的"中国精神"，比如尚勇！北宋时，王安石勇于推行新法；抗战时期，像长嘴巴这样的战士，勇于与敌斗争；如今，中国科学家勇于探索，攀登科技高峰……尚勇是中国人的精神传统，中华五千年的历史，就是一部英勇奋斗史。

对此，你有什么样的感悟和思考？请结合材料写一篇文章。

要求：选准角度，确定立意，明确文体，自拟标题；不要套作，不得抄袭；不得泄露个人信息；不少于700字。

你的立意：

_____

_____

_____

（2）阅读下面的材料，根据要求作文。

2024年巴黎奥运会上，中国奥运军团既有如潘展乐、郑钦文等健儿创造历史突破，也有巩立姣、石智勇等老将遗憾未能蝉联冠军。

习近平总书记在会见第31届奥运会中国体育代表团时说："我们不以胜负论英雄，同时英雄就要敢于争先、敢于争第一。"

以上材料引发了你怎样的联想和思考？请写一篇文章。

要求：选准角度，确定立意，明确文体，自拟标题；不要套作，不得抄袭；不得泄露个人信息；不少于700字。

你的立意：

_____

_____

_____

（3）阅读下面的材料，根据要求作文。

"追求健康、享受健康是一件愉悦自己的事"。可令人担忧的是，部分新生代青年不注重健康管理，虽然年纪轻轻，却脆弱到"一碰就坏"的地步，出现"脆皮现象"。这种"脆皮"不仅仅体现在身体上，也体现在心理、社会适应等方面。

以上材料引发了你怎样的联想和思考？请写一篇文章，要求：选准角度，自拟标题，确定立意；不要套作，不得抄袭；不少于700字。

你的立意：

_____

_____

_____

第二章 标题设置

拟题是议论文的灵魂，精准凝练的标题如思想窗口，既能瞬间攫取读者的注意力，又需暗藏论点锋芒。它既是全文逻辑的航标，为论证铺设轨道，也是观点交锋的号角，以寥寥数字奠定理性思辨的基调，实现"题立则文骨成"的写作境界。

 **要点解读**

一、概念厘清

作文标题是文章的"精神坐标"，承载着双重使命。作为作者，标题是构思的起点，需要精准提炼核心思想，将发散思维收束到特定轨道；作为读者，标题是解读的指南，通过浓缩的意象搭建起理解文章的桥梁。这种双向功能决定了标题创作必须兼顾逻辑性与艺术性——既要有明确的价值指向，避免含混不清；又要突破程式化表达，以陌生化的语言激发读者的阅读兴趣。

标题的重要性在于其构建的"思维引力场"。优秀的标题能形成磁场效应，既规范作者的写作边界，防止行文偏离主题轨道，又引导读者形成预期视野，在后续阅读中不断印证或突破这种预设。这种双重规范作用，使标题成为平衡考场作文创新与稳妥的关键支点，既能展现个性思考，又确保不越出题意框架。掌握标题写作的本质，实质是培养在限定空间内精准传递思想的表达能力。

二、行文准则

标题设置的原则如下：

（1）准确性：标题要直接反映文章核心内容，与主题紧密对应。写作前需明确文章的核心观点，选择最贴切的关键词，避免使用模糊或宽泛的表达。确保读者通过标题就能预判文章的核心方向，不产生理解偏差。

（2）简洁性：控制在8~12个字范围内，去掉多余修饰词，保留核心实词。用最简练的语言传达完整意思，既要避免冗长拖沓，也要防止过度简化导致表意不清。重点词汇优先使用动词或具象化名词。

（3）文学性：适当运用修辞手法增强感染力。比喻可将抽象概念形象化，对仗句式能强化节奏感，化用经典语句可提升文化内涵。注意语言的自然流畅，避免生硬堆砌辞藻，保持现代汉语的鲜活特征。

（4）创新性：避免使用常见套话，尝试改变常规表达方式。用疑问句式引发思考，用反转手法制造反差，或用新视角重构常见话题。在保证准确性的前提下，寻找个性化的表达路径。

（5）结构性：注重句式平衡与节奏感。可选用两个并列短语形成对称结构，或采用主谓句式直述观点。对称结构前后部分的词性、字数尽量对应，避免长短不一造成阅读阻滞。标点符号使用需符合现代汉语规范。

三、技法点拨

技法一：对偶式标题

对偶式标题通过前后句结构对称、字数相等、词性对应的方式，形成语言上的韵律美和逻辑上的辩证性。这种标题既能体现作者的语言驾驭能力，又能将作文的核心观点浓缩在简洁的对比或呼应中。对偶式标题常用于议论文或散文，尤其适合需要展现矛盾统一、传承创新、个体与群体关系的主题。其优势在于通过形式上的平衡强化内容的说服力，同时让读者快速抓住文章的关键词和核心立意。使用时需注意对仗工整但不过于生硬，避免为追求形式而牺牲内容的精准性。

对偶式标题的深层价值在于其"形神合一"的特点：形式上，对仗工整的句式能增强标题的节奏感；内容上，对偶式标题常通过矛盾对立或递进关系展现思辨性，使标题本身成为文章观点的凝练表达。

【典例1】 以梦为马驰骋岁月，以志为舟踏浪青春

前句强调"梦想"驱动人生，后句以"志向"引领方向，形成时间与空间的双重意象，适用于青春成长类作文。

【典例2】 承先辈精神之灯，照吾辈前行之路

通过"承"与"照"的动词呼应，将历史传承与当代实践紧密结合，适合文化传承类

议论文。

【典例3】 青山为笔绘生态画卷，碧水为弦奏和谐长歌

前句以"青山为笔"比喻自然资源的创造性保护，后句以"碧水为弦"象征生态平衡的协调之美，适用于"生态文明""人与自然"类议论文。

【即时训练1】

某校举办辩论赛，辩题为"科技发展必然导致传统文化消亡"，请你作为正方一辩撰写开篇陈词，使用对偶式标题。

标题：＿＿＿＿＿＿＿＿＿＿＿＿＿＿＿＿＿＿＿＿＿＿＿＿＿＿＿＿＿

技法二：引用化用式标题

引用化用式标题通过借用经典诗词、名言警句、流行歌词等，赋予标题文化厚度或时代气息。直接引用需确保原文与主题高度契合，例如"守得云开见月明"适用于坚持类话题；化用则需在保留原句骨架的基础上进行创新，如将苏轼的"莫听穿林打叶声"改为"莫惧前路风雨声，何妨吟啸且前行"。此类标题的优势在于快速引发读者共鸣，但需注意避免过度堆砌或牵强附会。

引用化用式标题的难点在于"旧瓶装新酒"。此外，引用需考虑受众认知度，过于冷僻的典故可能适得其反。

【典例1】 不积跬步，无以至千里（引用《荀子·劝学》）

强调积累的重要性，适用于"坚持""成长"类议论文。

【典例2】 海内存知己，天涯若比邻（引用王勃《送杜少府之任蜀州》）

表达友情的珍贵与超越距离的情谊，适用于"友谊""人际关系"主题。

【典例3】 书中自有新天地（化用赵恒"书中自有黄金屋"）

将"黄金屋"改为"新天地"，突出读书开拓视野的作用，适用于"阅读与成长"主题。

【即时训练2】

以"新时代的青年榜样"为主题撰写演讲稿，要求引用或化用李大钊的名言"以青春之我，创建青春之国家"。

标题：＿＿＿＿＿＿＿＿＿＿＿＿＿＿＿＿＿＿＿＿＿＿＿＿＿＿＿＿＿

技法三：疑问式标题

疑问式标题通过设问或反问引发读者思考，适用于批判性、探究性强的议论文。设问标

题（如"何以解忧？唯有自强"）通过自问自答亮明观点；反问标题（如"躺平真是青年的最优解吗？"）则通过质疑引发反思。此类标题的优势在于增强互动性，但需避免问题过于宽泛或答案显而易见。

疑问式标题的核心在于"问"与"答"的张力。使用此类标题时，需确保文章内容能充分回应问题，避免"虎头蛇尾"。

【典例1】 AI能否取代人类创造力？

标题本身并未给出答案，但通过"能否"二字暗示讨论的必要性，引导读者在文章中寻找论据。

【典例2】 键盘侠，你挥动的是正义之剑吗？

通过"正义之剑"的比喻，将网络暴力者的行为与真正的正义对立，激发读者对道德伪善的批判。

【典例3】 外卖盛行，传统美食文化何去何从？

通过"何去何从"点出文化存续的危机感，以疑问引发对传统与现代冲突的思考，引导讨论商业浪潮下文化的保护路径。

【即时训练3】

针对"短视频是否正在摧毁年轻人的深度思考能力"这一社会争议，撰写一篇时评，使用疑问式标题。

标题：_____

技法四：对比式标题

对比式标题通过并列矛盾概念（如"虚拟与现实""小我与大我"），突出文章的思辨性。此类标题适用于需要展现二元对立的主题，如传统与现代、个体与群体等。其优势在于通过反差强化观点，但注意对比双方需具有逻辑关联，避免为对比而对比。

对比式标题的深层逻辑在于"在矛盾中寻找统一"。例如"纸质书与电子书：阅读方式的碰撞"中，"碰撞"一词暗示两种阅读方式并非非此即彼，而是可以共存互补。此类标题要求作者在文章中深入分析对比双方的辩证关系，而非简单罗列差异。

【典例1】 小我与大我：生命的两种维度

通过"小我"与"大我"的对比，探讨个人价值与社会责任的平衡。

【典例2】 虚拟世界中的真实人生

以"虚拟"与"真实"的矛盾，引发对网络时代人性本质的思考。

【典例3】屏幕前的孤岛，云端上的共情

以"孤岛"（孤独）与"共情"（情感联结）的对比，探讨网络社交中既疏离又渴望情感联结的矛盾心理。

【即时训练4】

以"快节奏生活中的慢生活"为主题，写一篇作文，使用对比式标题。

标题：_____

技法五：观点式标题

观点式标题直接表明文章核心论点，语言简洁有力，如"保护环境就是守护人类未来"。此类标题适用于观点明确的议论文，要求作者能用精准的语言提炼中心思想。其优势在于立场鲜明，但需避免过于绝对化或空洞口号化。

观点式标题的关键在于"一针见血"。使用此类标题时，需确保文章有扎实的论据支撑，避免沦为空洞说教。

【典例1】尊重差异方能美美与共

直接引用费孝通观点，强调包容的重要性。

【典例2】文化传承需要破而后立

通过"破"与"立"的递进，提出文化创新的路径。

【典例3】本土性与世界性：文化发展的双向破壁

通过"本土特质坚守"与"全球视野融合"的张力平衡，提出文明对话时代的文化演进策略。

【即时训练5】

以"'双减'政策下的教育未来"为主题，撰写一篇议论文，要求标题直接表明观点。

标题：_____

技法六：比喻象征式标题

比喻象征式标题通过具象化表达抽象概念，如"挫折：人生的磨刀石"。此类标题要求喻体新颖贴切，避免陈词滥调（如"人生如茶"）。其优势在于生动形象，但需注意比喻与主题的逻辑关联。

比喻象征式标题的本质是"以形写神"。例如"给心灵种一片向日葵"，以"向日葵"象征积极心态，通过"种植"动作暗示主动培养。使用此类标题时，需在文章中延续比喻意象，避免标题与内容脱节。

【典例1】人生如棋，落子无悔

以"棋局"比喻人生，强调抉择的严肃性。

【典例2】古老技艺的现代密码

将"技艺"喻为"密码"，暗示传统需要现代解读。

【典例3】岁月如河，静水深流

以"河流"隐喻时间进程，强调沉淀与流动的辩证关系。

【即时训练6】

以"友谊"为主题，写一篇作文，要求使用比喻式标题。

标题：_____

 真题回放

（1）（2023年广东省高职高考）阅读下面的材料，根据要求作文。

陕西工业职业技术学院的邢小颖，苦练技能，毕业时以专业综合排名第一的成绩被推荐到清华大学任教。进入清华后，她连续七年荣获清华大学基础工业训练中心实践教学特等奖和一等奖。她着力将专业领域"大国工匠"元素融入课堂，用"工匠精神"感染学生，让他们体悟中国从制造大国迈向制造强国的自豪。

上面材料引发了你怎样的感触与思考？请写一篇700字以上的文章。

要求：自选角度，自拟标题，自选文体（诗歌除外），不要套作，不得抄袭。

【标题示例】

①实干是最好的老师

②用实力说话，以卓越为荣

③既做深耕者，也当追潮人

④不唯学历论，但求真人才

⑤条条大路通未来，教育本该多选择

⑥社会多元发展，教育百花齐放

（2）（2024年广东省高职高考）阅读下面的材料，根据要求作文。

近年来，一大批青年人利用专业特长赋能传统职业。张柏铭将自己的编程技术用在养殖业中，实现了自动化养殖；莫丽贤采用"互联网+农场+旅游"的新形式，带动了农场周边旅游的发展及其他农产品产业链的形成；杨成兰以"非遗+生活美学"为理念，以侗布织染技艺保护与传承为使命，创立梦想工坊……他们让传统职业焕发了新的生机，唱响了一首首壮丽的"青春之歌"。

上述材料引发了你怎样的感触与思考？请写一篇700字以上的文章。

要求：自选角度，自拟标题，自选文体（诗歌除外），不要套作，不得抄袭。

【标题示例】

①旧调换新曲，炎黄谱华章

②以青春奋斗之姿，谱写传承文化之章

③以传统之薪，燃当代之火

④诵青春之诗，歌传承之章

⑤科技让传承职业"焕发新生"

⑥唱响青春之歌，赋能传统职业

（3）（2025年广东省高职高考）阅读下面的材料，根据要求作文。

广东省人力资源和社会保障厅与广东广播电视台联合推出的大型技能人才成长纪实节目《2024技行天下》围绕"新职业、新培养、新工匠"的理念，展现技能人才风采，彰显广东在高技能人才培养方面的决心与成效，并为技能人才提供广阔的就业通道。

近年来，不少优秀的职业技术学子成为深受行业企业欢迎的技能精英，他们为企业提高生产效率、降低成本，用技能点亮乡村振兴之路……他们以一技之长回馈社会，成就了自己的精彩人生。

上述材料引发了你怎样的感触与思考？请写一篇700字以上的文章。

要求：自选角度，自拟标题，自选文体（诗歌除外），不要套作，不得抄袭，不得泄露个人信息。

【标题示例】

①一技之长，精彩人生

②技能点亮乡村振兴路

③手握技能，天地自宽

④技行天下，匠心筑梦

⑤小技能，大作为

⑥让技术成为人生的杠杆

 实战演练

（1）华强职校举办"传承与创新"主题征文活动，要求结合自身经历，谈谈如何在日常生活中实践传统文化（如书法、民乐、诗词）的传承，并赋予其时代新意。

请拟一则标题，体现"传统"与"创新"的融合。

标题：_____

（2）语文课上，老师讲解《劝学》中"不积跬步，无以至千里"的深意，要求以"积

累与成功"为主题写作。有同学想化用古诗文名句拟题，既体现积累的重要性，又增添文学韵味。

请化用《劝学》或其他学过的古文名句，拟一则标题。

标题：_____

（3）近期，针对学生过度使用"作业帮""小猿答疑"等软件的现象，网上讨论两极分化严重。有人认为技术工具能提高效率，有人则认为依赖搜题会丧失独立思考能力。

请围绕"搜题软件对学习的影响"这一争议，拟一则作文标题。

标题：_____

（4）结合以下材料，拟一则作文标题。

1954 年，李可染和张仃、罗铭去江南写生，他在一家杂志社预支了一百元稿费。边走边画，几个月之后回家，人已形同乞丐。而三个人几个月竟然没有花完一百元钱。原因是他们把所有的时间都用在行走和画画上，没有时间花钱。李可染先生多才多艺，除了绘画，还会拉胡琴，精通京剧。京剧对他来说，既是爱好又可消遣。他曾连听了三天三夜京剧。妻子责问："李可染，你要是这样只迷戏，你的画还能成吗？"从此，在他的时间表里，他删去了拉胡琴和听京剧，一心一意，心无旁骛。

标题：_____

（5）结合以下材料，拟一则作文标题。

日前，《中国青年报》的社会调查显示，"不想长大"已成为不少"90后""00后"的心声。这些"90后""00后"喜欢卖萌扮嫩，热衷看动画片，不愿意结婚生子……他们被称为"不想长大族"。这些年轻人为什么不想长大？理解的人说"长大后世界就没童话"，批评的人说"缺乏责任感就会拒绝成长"……

标题：_____

第三章 开 头

议论文的开头作为整篇文章的引子至关重要，它承担着吸引读者注意、明确主题和提出论点的作用。古人云："凤头豹尾猪肚。"一个好的开头能够激发读者的兴趣，奠定文章基调，并为后续论证提供清晰的方向，从而增强文章的说服力和逻辑性。

 **要点解读**

一、概念厘清

开头是作者对文章主题的首次呈现，是吸引读者注意、明确论述方向的关键部分，也是整篇文章的起点。在写作中，开头通常需要对作文题目或材料进行简要总结，提炼出核心话题或关键问题，从而为提出中心论点做好铺垫。好的开头不仅要简洁明了，还要与材料紧密结合，既要展现对材料的理解，又要为后续论证提供清晰的逻辑起点。通过这种方式，开头不仅能够吸引读者，还能为文章的整体结构奠定基础，使论述更加连贯有力。因此，精心设计开头是写好议论文的重要一步，它既是文章的"门面"，也是逻辑展开的"引子"。

二、行文准则

三步开头法如下：

（1）"引"：引述材料。在审题之后，根据题目的要求，用简洁的语言对材料进行引用概述。概括的关键在于简明扼要、突出重点：内容要巧妙提炼，简明扼要，字数上通常不超过 100 字；重点要突出，确保概括的内容与主题紧密相关，目标明确。这样的概括既能清晰呈现材料核心，又能为后续论证提供有力支撑。

（2）"评"：点评过渡。在引述材料之后，需要对材料进行精练的点评，以此作为过渡到中心论点的桥梁。这样的点评能够自然衔接材料与观点，避免观点的提出显得突兀，使读者感到从材料到中心论点的推导是逻辑严密、顺理成章的，从而增强文章的说服力和连贯性。

（3）"亮"：亮出观点。最后旗帜鲜明地亮出自己的观点，明确提倡什么、主张什么或反对什么。确立论点时，必须紧扣材料，确保论点是从材料的核心意义中提炼出来的，同时，论点应准确反映材料的整体语意，并与社会现实紧密对应。在语言表达上，要做到清晰简洁，避免使用抒情性或描述性语言，尽量采用判断句，使观点明确有力。

三、技法点拨

根据不同的材料类型，我们把材料分为哲理故事类、历史发展类、人物事例类、时事热点类四大类。不同的材料类型，开头的技巧各有不同。

（一）哲理故事类

技巧：从故事的核心寓意入手，提炼出哲理，并自然过渡到中心论点。

明确重点：故事内容、哲理。

概括格式：简述故事内容（1~2句话）→ 点明哲理（1句话）→ 引出中心论点（1句话）。

【典例1】一阵猛烈的强风吹过来，芦苇弯下腰，顺风仰倒，幸免于连根拔起。橡树却硬迎着风，尽力抵抗，结果被连根拔起。

内容：弯腰的芦苇生存了下来，而逞强的橡树却被连根拔起。

哲理：学会适度弯腰。

范例：强风中，弯腰的芦苇幸运地生存了下来，而逞强的橡树却被连根拔起。（引：简述故事内容）原来在生活中还蕴含着这一条生存法则——在巨大的困难面前适时弯腰，回避一下羁绊，生命将会延续。（评：点评材料，点明哲理）有时，适时弯腰，可以收获别样人生。（亮：亮出观点）

【典例2】材料一：泾溪石险人兢慎，经岁不闻倾覆人。却是平流无石处，时时闻说有沉沦。

材料二：有人做过一个试验，青蛙被突然放进沸腾的水中，能迅速逃脱而活命，若放在慢慢加热的水中终被煮死。

内容：石险不覆，平流沉沦；沸水蛙逃生，慢热蛙终亡。

哲理：居安当思危。

范例：石险不覆，沸水蛙逃生，但平流无石处的沉沦，慢慢加热被煮死的青蛙，（引：

简述故事内容）又警示我们，顺境中人们往往不能保持清醒的头脑。（评：点评材料，点明哲理）可见，逆境中奋勇抗争诚可贵，顺境中提高警惕价更高，居安当思危。（亮：亮出观点）

【即时训练1】请在下面横线处填入下列材料的内容、哲理，并写出开头。

古希腊神话中有这样一个故事：在苍茫的大海上有一座美丽的小岛，可周围暗礁遍布，岛上住着长着鹰的翅膀的塞壬女妖，它们日日夜夜唱着动人的魔歌，引诱过往的船只。它们的歌声优美动听。每看到有船只经过，它们就在岛上放声歌唱。而那些船只经受不住歌声的诱惑，前往小岛，结局只能是触礁，船毁人亡，成为妖怪们的猎物。

内容：_____

哲理：_____

开头：_____

_____

_____

_____

（二）历史发展类

技巧：从历史背景或发展脉络入手，突出历史与现实的联系，引出中心论点。

明确重点：历史背景、历史与现实的联系。

概括格式：简述历史背景或发展过程（1~2句话）→ 联系现实（1句话）→ 引出中心论点（1句话）。

【典例1】1919年，民族危亡之际，中国青年学生掀起了一场彻底反帝反封建的伟大爱国革命运动。1949年，中国人民从此站立起来了！新中国青年投身于祖国建设的新征程。1979年，"科学的春天"生机勃勃，莘莘学子胸怀报国之志，汇入改革开放的时代洪流。2019年，青春中国凯歌前行，新时代青年奋勇接棒，宣誓"强国有我"。2049年，中华民族实现伟大复兴，中国青年接续奋斗……

历史背景：民族危亡到伟大复兴。

核心内涵：青年奋斗、国家复兴。

范例：自1919年民族危亡之际，无数中国青年学生掀起了一场彻底反帝反封建的伟大爱国革命运动，救国于危难之中，到现在，新时代青年奋勇接棒，宣誓"强国有我"，奏响青春中国凯歌。（概括材料）从古至今，无数青年都承担起他们应有的责任（联系现实，点评材料），所以，青年有担当，中国才有希望！（亮出观点）

【典例2】丝绸之路是古代中国与西方世界进行经济、文化交流的重要通道。它始于汉

代，繁荣于唐宋，衰落于明清。这条道路见证了古代中国的辉煌，也承载了东西方文明的交融。然而，随着闭关锁国政策的实施，丝绸之路逐渐失去了往日的荣光。如今，随着"一带一路"倡议的推进，创新的贸易方式和改革的政策使得古老的丝绸之路又焕发出新的生机。

历史背景：丝绸之路的发展。

核心内涵：创新、变革焕发生机。

范例：闭关锁国的政策使得丝绸之路失去荣光，"一带一路"倡议让丝绸之路重焕生机。（概括材料）丝绸之路的兴衰，是一部波澜壮阔的历史画卷，它为我们提供了丰富的经验和深刻的启示。（联系现实，点评材料）只有坚持改革开放创新，才能创造更加辉煌的成就。（亮出观点）

【即时训练2】请在下面横线处填入下列材料的历史背景、核心内涵，并写出开头。

铁器的出现奠定了人类文明的基础，蒸汽机的发明和改良成为工业革命的重要标志。进入20世纪，电子技术的兴起带来了电话、电视和计算机的普及。从个人计算机的普及到万维网的推出，再到移动互联网和智能手机的广泛应用，每一次技术革新都极大地改变了人们的生活方式和商业模式。如今，人工智能、物联网等新兴技术推动人类社会向智能化、数字化的方向发展。从人类文明的早期阶段到现代社会，每一次技术的创新和突破，都极大地改变了人类的生活方式和社会结构，推动了历史的车轮滚滚向前。

历史背景：_____

核心内涵：_____

开头：_____

_____

_____

_____

（三）人物事例类

技巧：从人物的典型事迹或精神品质入手，提炼出普遍意义，再过渡到中心论点。

明确重点：人物精神品质。

概括格式：简述人物事迹（1~2句话）→ 点明精神品质或意义（1句话）→ 引出中心论点（1句话）。

【典例1】在旧上海的斑驳光影里，街巷闾里中，穿着旗袍、擎着纸伞的女子曾是一道美丽的风景。如今，旗袍的"黄金时代"一去不返，今年（注：指2017年）99岁的海派旗袍大师褚宏生，却依然默默坚守。海派旗袍制作，镂空细密，工艺繁复。80多年来，褚宏

生一直坚持一针一线亲自缝制，精益求精制作每件旗袍，即便做一个小小的盘扣，也要花三个小时。无论机器怎样先进，褚宏生都不为所动。今天，人们称他为"活着的传奇""上海滩最后一位裁缝"。

人物事迹：海派旗袍大师褚宏生坚持手工缝制。

精神品质：精益求精的坚守成就传奇。

范例：从青丝到白发，从旧上海到新时代，褚宏生坚持一针一线手缝旗袍八十余载，最终成为上海滩"活着的传奇"。（简述人物事迹）褚宏生用精益求精的坚守成就了人生的传奇。（点明精神品质）这看似普通的故事，却诠释了奋斗的真谛：坚守的工匠精神，才能照亮人生成功的前路。（引出观点）

【典例2】在浩瀚无垠的科学探索之旅中，有这样一位女性科学家，她以非凡的毅力和卓越的智慧，在天文领域留下了深刻的足迹。叶叔华，这位被誉为"北京时间之母"的中国科学院院士，自20世纪50年代起，便投身于天文时间服务的研究。在那个女性科学家稀缺的年代，她克服重重困难，不仅建立了中国自己的世界时系统，还推动了中国天文地球动力学研究的起步与发展。即便面对外界的偏见与挑战，叶叔华也从未退缩，她坚持科学真理，勇于探索未知，为中国乃至世界的天文学研究做出了杰出贡献。如今，她的名字已与精确的时间测量紧密相连，成为科学探索道路上的一座丰碑。

人物事迹：天文科学家叶叔华建立中国世界时系统。

精神品质：坚韧不拔的探索精神引领科学前行。

范例：从20世纪50年代起，叶叔华以非凡的毅力和智慧，在天文领域披荆斩棘，建立了中国自己的世界时系统，奠定了中国天文时间服务的基础。（简述人物事迹）叶叔华以坚韧不拔的探索精神，成为科学探索史上的璀璨明星。（点明精神品质）这非凡的旅程，向我们昭示了一个真理：唯有不畏艰难，勇于探索，才能找到属于自己的那颗星，照亮人类前行的道路。（引出观点）

【即时训练3】请在下面横线处填入下列材料的人物事迹、精神品质，并写出开头。

在茫茫大漠之中，有一位被风沙雕刻出坚韧面容的治沙英雄，他就是石光银。从青年时代起，石光银便将自己的青春和热血献给了治沙造林的事业。面对毛乌素沙地肆虐的风沙，他没有退缩，而是带领村民，一手拿铁锹，一手扛树苗，年复一年、日复一日地在沙漠中植树造林。面对资金短缺、技术难题、生态退化等重重挑战，石光银始终坚持不懈，他不仅成功治理了大片荒漠，还探索出了"公司+农户+基地"的治沙造林新模式，带动了当地经济发展，改善了生态环境，为子孙后代留下了一片绿洲。石光银的事迹，如同一股绿色的旋风，吹遍了陕北大地，也吹进了人们的心中，成为人与自然和谐共生的生动写照。

人物事迹：＿＿＿＿＿＿＿＿＿＿＿＿＿＿＿＿＿＿＿＿＿＿＿＿＿＿＿＿＿＿＿＿＿＿

精神品质：＿＿＿＿＿＿＿＿＿＿＿＿＿＿＿＿＿＿＿＿＿＿＿＿＿＿＿＿＿＿＿＿＿＿

开头：＿＿＿＿＿＿＿＿＿＿＿＿＿＿＿＿＿＿＿＿＿＿＿＿＿＿＿＿＿
＿＿＿＿＿＿＿＿＿＿＿＿＿＿＿＿＿＿＿＿＿＿＿＿＿＿＿＿＿＿＿＿＿＿
＿＿＿＿＿＿＿＿＿＿＿＿＿＿＿＿＿＿＿＿＿＿＿＿＿＿＿＿＿＿＿＿＿＿
＿＿＿＿＿＿＿＿＿＿＿＿＿＿＿＿＿＿＿＿＿＿＿＿＿＿＿＿＿＿＿＿＿＿

（四）时事热点类

技巧：从热点事件的背景或争议点入手，直接引出问题或现象，再提出中心论点。

明确重点：争议问题或现象。

概括格式：简述事件背景或现象（1~2句话）→ 点明争议或问题（1句话）→ 引出中心论点（1句话）。

【典例1】一些大学毕业生在毕业后，没有积极寻找工作，而是选择在家"躺平"，每天过着打游戏、睡觉的生活。他们害怕面对职场的竞争和压力，认为自己无法胜任工作，从而放弃了努力。有人认为"躺平"是对现实压力的一种反抗，是年轻人对过度内卷和竞争的拒绝。更多人认为："躺平"是一种消极的生活态度，它会导致个人失去奋斗的动力和目标，进而影响社会的整体进步。年轻人应该勇于担当、积极进取，为国家和社会的发展做出贡献。

争议问题："躺平"是否可取？

个人观点：面对现实挑战，青年应拒绝躺平，勇于担当，积极进取。

范例：部分青年面对生活压力选择逃避、放弃努力，沉浸在短暂的舒适中。他们不再拼命奋斗，而是以"躺平"的生活方式应对巨大的生活压力和社会竞争。（简述事件）选择"躺平"，虽然在一定程度上反映了年轻人对高压社会的反抗，但也引发了社会对青年责任感与担当精神的深刻反思。（点明问题）"躺平"不应成为年轻人的常态，青年是国家的未来与希望，肩负着推动社会进步与发展的重任。因此，年轻人应当勇于担当，积极进取，以乐观的态度面对挑战，以实际行动为国家和社会的发展贡献力量。（引出观点）

【典例2】在教育领域内，学生之间的竞争日益白热化，为了争夺有限的优质教育资源，学生们不得不投入更多的时间和精力进行学习。课外辅导班、兴趣班层出不穷，学生们从早到晚被各种课程填满，休息时间被严重压缩。这种高强度的学习状态不仅让学生们身心俱疲，还导致了一种名为"内卷"的现象愈发严重。一些家长和学生认为，只有通过不断加码的学习投入，才能在竞争中脱颖而出。然而，更多人指出，这种无休止的竞争不仅浪费了教育资源，还让学生们失去了探索自我、发展兴趣的机会，影响了他们的身心健康和全面发展。

争议问题：教育"内卷"是否利大于弊？

个人观点：理性看待教育竞争，追求全面发展。

范例：在教育领域，课外辅导班、兴趣班遍地开花，学生们被各种课程安排得满满当当。这种高强度的学习状态不仅让学生们身心俱疲，还加剧了教育"内卷"现象（简述事件）。虽然在一定程度上，这种竞争激发了学生的学习动力，但更多的是浪费了教育资源，限制了学生的全面发展，影响了他们的身心健康。（点明问题）因此，我们不能盲目追求竞争，而应理性看待教育竞争，打破"内卷"，为学生们提供更多的发展机会和空间，让他们能够探索自我、发展兴趣，实现全面发展。（引出观点）

【即时训练4】 请在下面横线处填入下列材料的争议问题、个人观点，并写出开头。

近年来，随着网络直播的兴起，一些年轻人选择成为"网红"作为自己的职业道路，他们通过直播唱歌、跳舞、分享日常生活等方式吸引粉丝，并以此获得收入。这种现象引发了社会的广泛关注和讨论。有人认为，网络直播为年轻人提供了展示自我的舞台。但也有人担忧，过度追求成为网红可能导致年轻人忽视学业，甚至陷入虚荣和浮躁的陷阱。年轻人应理性评估自己的兴趣与能力，不应盲目跟风，忽视学业，在追求个人梦想的同时，更应注重自我提升和长远规划，确保个人成长与社会需求的有机结合。

争议问题：_____

个人观点：_____

开头：_____

_____

_____

_____

_____

真题回放

（1）（2023年广东省高职高考）阅读下面的材料，根据要求作文。

陕西工业职业技术学院的邢小颖，苦练技能，毕业时以专业综合排名第一的成绩被推荐到清华大学任教。进入清华后，她连续七年荣获清华大学基础工业训练中心实践教学特等奖和一等奖。她着力将专业领域"大国工匠"元素融入课堂，用"工匠精神"感染学生，让他们体悟中国从制造大国迈向制造强国的自豪。

你对上述材料有怎样的感触和思考？请写一篇不少于700字的文章。要求：自选角度，立意自定，题目自拟，文体不限（诗歌除外）。

【范文示例】

深耕钻研，追梦"大国工匠"（人物事例类）

从职校学生到清华大学讲台，邢小颖凭借不懈的努力与卓越的技能，在清华任教期间屡

获殊荣，连续七年斩获实践教学特等奖和一等奖。邢小颖以实际行动诠释了何为"工匠精神"，她将专业技能与爱国情怀深度融合，激励了一代又一代学子。她的故事，是对匠心独运的最好注解：唯有坚持不懈地追求精湛技艺，深耕钻研，方能铺就通往成功与荣耀的道路。

（2）（2022年广东省高职高考）阅读下面的材料，根据要求作文。

在网络平台上，娱乐明星上传一张照片或发一条消息，立刻就会引来大量网友围观，关注度非常高。

近年来，科学家、医务工作者、大国工匠、人民子弟兵、快递小哥等在各行各业做出突出贡献的劳动者，也越来越受到关注和推崇。

对以上现象，你有怎样的感触和思考？请写一篇不少于700字的文章。要求：自选角度，立意自定，题目自拟，文体不限（诗歌除外）。

【范文示例】

摒弃"娱乐小鲜肉"，追寻时代真英雄（时事热点类）

娱乐明星的一张照片、一条消息立刻引来大量网友的围观，而各行各业做出突出贡献的劳动者受到的关注度也在提升。作为新时代青年人，我们应该追寻什么样的偶像呢？我认为偶像应是时代的风向标，是时代精神文明的缩影，吾辈应摒弃"娱乐小鲜肉"，追寻时代真英雄。

 实战演练

请阅读下面的材料，根据要求写出作文开头。

（1）阅读下面材料，根据要求写作。

沙漠中，仙人掌将叶片退化为尖刺以减少水分蒸发，在烈日下沉默蓄力；而胡杨树肆意伸展枝叶，耗尽能量对抗干旱，最终枯死于风沙中。

对以上现象，你有怎样的感触和思考？请写一篇不少于700字的文章。要求：自选角度，立意自定，题目自拟，文体不限（诗歌除外）。

（2）阅读下面材料，根据要求写作。

乔素凯是我国第一代核燃料师，他的岗位在核电站的最深处，那是一个犹如大海般的蔚蓝水池，美丽的水面下，就是令人闻之色变的核燃料。每18个月，核电站要进行一次大修，这是核电站最重要的时间，1/3 的核燃料要被置换，同时要对破损的核燃料组件进行修复。修复是最难的，风险是最大的，稍有不慎就有生命危险。怀着对核燃料的这份敬畏之心，26年来，乔素凯核燃料操作保持零失误。敬畏让乔素凯在艰难中坚持下去。

对以上现象，你有怎样的感触和思考？请写一篇不少于 700 字的文章。要求：自选角度，立意自定，题目自拟，文体不限（诗歌除外）。

（3）阅读下面材料，根据要求写作。

1921 年，南湖红船轻摇，中国共产党诞生，青年党员以星星之火，点燃民族希望之光。1964 年，大漠深处蘑菇云腾空而起，中国成功爆炸第一颗原子弹，青年科研工作者以热血铸就国家脊梁。2003 年，"神舟五号"载人飞船升空，中国青年航天员遨游太空，实现千年飞天梦。2035 年，中国基本实现社会主义现代化，青年一代在科技创新、绿色发展等领域引领潮流，续写辉煌篇章。

对以上现象，你有怎样的感触和思考？请写一篇不少于 700 字的文章。要求：自选角度，立意自定，题目自拟，文体不限（诗歌除外）。

（4）阅读下面材料，根据要求写作。

为了督促学生学习，某职业技术学院的焦老师想出在课后用微信发红包的"新招"，对出勤率高、学习成绩好和上课认真的同学，都发了红包。此举一出，他的课学生没一个逃课，课堂气氛活跃，师生关系变好。此事传出后，该校老师和学生表示认可，觉得这个做法有新意。媒体报道后，引发争议，有家长明确反对老师这种做法，认为用"钱"引导学生上课，会让孩子变得功利，使教育变味。

对以上现象，你有怎样的感触和思考？请写一篇不少于700字的文章。要求：自选角度，立意自定，题目自拟，文体不限（诗歌除外）。

第四章　分论点设置

写作中，在完成拟题、开头后，先为全文设置分论点，会让文章论证立体化，让读者能够清晰把握行文思路。所以，掌握分论点设置方法会让写作事半功倍。

 **要点解读**

一、概念厘清

中心论点是作者对中心话题的最基本看法，是议论文论证的最主要观点，是作者思想和观点的高度概括和集中。分论点是对中心论点进一步的分析和阐释，可以是中心论点的内涵阐释，也可以是中心论点的外延拓展，论证某一观点、某一事理，从不同角度、不同侧面、不同层次对其展开论证，这每一层、每一面就是一个分论点。分论点是在中心论点的制约下提炼出来的，是为中心论点服务的。因此，提炼分论点的前提是确立中心论点，并用一个句子的形式表达出来。论点是议论文的灵魂，而分论点则是支撑起这个灵魂的骨架。精心、合理设置议论文的分论点，是议论文取胜的有效途径，不仅能够清晰地体现出议论的结构层次，使人一目了然；更能展示出写作者缜密的思维，使分析说理透彻全面。

二、行文准则

分论点设置的原则如下：

（1）扣得住。分论点不宜过多，三四个即可，分论点的表述要尽量紧扣中心论点的关键字眼，以保证每一段都扣题。

（2）分得开。分论点应按照统一分类标准划分，它们之间在内容上不能重复或交叉。

（3）排得顺。分论点之间有时是并列关系，有时是递进关系，其排列应符合一定的逻辑顺序，不可随意放置。

（4）语言靓。分论点既要形式整齐，又要有变化，最好有一定的文采（采用排比、比喻、化用名句等手法），语言要精练。

三、技法点拨

（一）并列式设置

1. 概念分解法——是什么

一般而言，一个论点往往有一个最核心的概念，而且这个核心概念在不同背景下的含义往往是不同的。因此，在写作过程中如能从"是什么"的角度切入，进而对这个核心概念在特定背景下的丰富内涵进行挖掘，并用"A 是什么"或"什么是 A"的句式进行分类列举，那就可以生发出许多比较具体和贴切的分论点来。

【典例 1】《谈骨气》的中心论点：中国人是有骨气的。（"骨气"为核心概念）

分论点①：骨气是富贵不能淫的品质。

分论点②：骨气是贫贱不能移的人格。

分论点③：骨气是威武不能屈的气节。

【典例 2】《遵守做人规则，走出完美人生》的中心论点：

遵守做人的规则，才能走出精彩纷呈的人生之路。（"规则"为核心概念）

作文主体部分从"规则是什么"的角度，设了三个分论点：

分论点①：把勤奋作为规则，做人就会更充实。

分论点②：把责任作为规则，做人就会更踏实。

分论点③：把美德作为规则，做人就会更加真实。

三个分论点，给了写作三个角度。角度不同，又都围绕中心论点"规则"，分得开又扣得紧。

【即时训练 1】请在下面横线处填上分论点，从"是什么"的角度形成分论点并列式结构。

中心论点：生活要坦然面对。

分论点①：_____

分论点②：_____

分论点③：_____

2. 原因分析法——为什么

原因分析法既是一种论证方法，也是一种设置分论点的具体方法。作为设置分论点的方法，主要是回答原因和目的方面的问题。这里的"因"是分论点，"果"是中心论点，分论点是在中心论点后再来分析达成这个结果的原因。日常生活中，凡条件，就必有主客观之分；凡原因，就必有内外主次之别；凡影响，更必有大小正反之异。如果能根据这样的思路去辨析、思考，那么，即便是再简单的"为什么"，我们也能寻出丰富多彩的答案来。

【典例1】以"带你走近林州"为题目作文，从"为什么"的角度思考，这样设置分论点：

分论点①：回望历史，林州会让您感受到历史的风云际会！

分论点②：着眼当下，林州会让您感受到红色信仰的力量！

分论点③：展望未来，林州定让您感受别样的风景！

【典例2】作文《来做神州躬耕人》的中心论点：劳动有益，让我们一起来做神州大地的躬耕之人。

分论点①：首先，劳动可以助我们琢磨踏实品质。

分论点②：其次，劳动可以助我们纯净无私灵魂。

分论点③：揆诸现实，对于我们每一位新时代青年来说，又该如何践行劳动精神呢？

【即时训练2】请在下面横线处填上分论点，从"为什么"的角度形成分论点并列式结构。

中心论点：答案不止一种。

分论点①：＿＿＿＿＿＿＿＿＿＿＿＿＿＿＿＿＿＿＿＿＿＿

分论点②：＿＿＿＿＿＿＿＿＿＿＿＿＿＿＿＿＿＿＿＿＿＿

分论点③：＿＿＿＿＿＿＿＿＿＿＿＿＿＿＿＿＿＿＿＿＿＿

3. 方法分析法——怎么办

方法分析法也叫途径分类法。主要是回答方法、途径方面的问题。它以论点中所倡导的行为结果为出发点，通过对催生该结果的条件、追求该结果的方法、获得该结果的途径等进行分析，实现对文章内容的深化。

【典例1】作文《品读人生》的中心论点：只要细细品读，人生令人回味无穷。

分论点①：品读人生，要先学会品读他人。（汲取营养）

分论点②：品读人生，要学会品读失败和痛苦。（获取教训）

分论点③：品读人生，要学会品读成功和喜悦。（学会珍惜）

【**典例2**】作文《论生逢其时》的中心论点：当代青年生逢其时，天将降大任于我们，应时不我待，应勇担时代重任，应发愤图强做栋梁。

分论点①：生逢其时，青年应秉承先人之精神。

分论点②：生逢其时，青年应有所担当。

分论点③：生逢其时，青年应发愤图强。

【**即时训练3**】请在下面横线处填上分论点，从"怎么办"的角度形成分论点并列式结构。

中心论点：忙要恰到好处。

分论点①：_____

分论点②：_____

分论点③：_____

（二）递进式设置

这种方法是前面三种方法的复式组合。按"是什么——为什么——怎么办"的思路安排结构，即围绕中心论点回答三个问题：①是什么；②为什么；③怎么办。当然，也可选择"是什么——怎么办"或"为什么——怎么办"的思路进行。

这种方法可以使文章显得思路缜密，内容丰富，形成一种力量逐渐强化的层次感。但同时也会使文章招来"面面俱到、泛泛而谈、重点不突出、分析不透彻"的责难。因此，运用这种"复式组合法"架构文章时，必须严格遵守"内容有主次之别，处理有详略之异"的原则，并尽量保证在设置分论点的过程中体现这一原则。

1. 分解论点法

将中心论点进行分解，分成几个分论点，这些分论点之间的关系是由浅入深、由简单到复杂、由个人到国家、由感性到理性、由具体到抽象的。选择这种结构形式时，必须对论述的层次内容有明确的认识。层次间可用诸如"不仅……而且……""……况且……"等关联词语过渡，同时又以此反映层次间的递进关系。

【**典例1**】中心论点：要感受诗意，就必须擦亮你的眼睛，敞开你的心扉，用心去描绘诗意的天空。

分论点①：要感受诗意，首先就得擦亮你的眼睛，去发现身边的无限诗意。

分论点②：要感受诗意，还要敞开你的心扉，好好享受生活中的诗意。

分论点③：要感受诗意，更需要用心描绘诗意的天空，创造出诗意的生活。

【**典例2**】以"如何为自己画像"为主题的作文，拟题为"鲜衣怒马，报效国家"。

分论点①：首先，要准备一面穿衣铜镜，用"鲜衣"装扮我们的外在形象。

分论点②：其次，要准备一面内窥心镜，用"怒马"精神去充实内在气质。

分论点③：最后，要准备一块多棱史镜，在实现中华民族伟大复兴的各种实践中展现担当奉献的硬核光芒。

【即时训练4】请在下面横线处填上分论点，形成分论点递进式结构。

中心论点：严于解剖自己。

分论点①：＿＿＿＿＿＿＿＿＿＿＿＿＿＿＿＿＿＿＿＿＿＿＿＿＿＿＿＿＿

分论点②：＿＿＿＿＿＿＿＿＿＿＿＿＿＿＿＿＿＿＿＿＿＿＿＿＿＿＿＿＿

分论点③：＿＿＿＿＿＿＿＿＿＿＿＿＿＿＿＿＿＿＿＿＿＿＿＿＿＿＿＿＿

2. 问答分析法

按照"提出问题→分析问题→解决问题"的思路安排论证结构，即围绕中心论点回答三个问题：①是什么？②为什么？③怎么办？

（1）三个问题平均发力。

【典例1】阅读下面的材料，根据要求写一篇不少于800字的文章。

近日，华东交通大学新增加的《学生行为规范》条例引发网友热议，其中"让女生走在马路内侧""为女生拧松饮料瓶盖""走路避开女生背包的一侧"，格外受关注。有学生直呼做到那样就是暖男了，也有学生认为这是矫枉过正、涉嫌歧视女性。

对于以上事情，你怎么看？请写一篇文章，表明你的态度，阐述你的看法。

中心论点：尊女性之位，做暖心之人。

分论点①（从是什么角度写）：保护弱小，尊重女性是我们都应具备的素质，做暖心之人是我们人格魅力的体现。

分论点②（从为什么角度写）：尊重女性，呵护女性，是为了继承尊重他人的传统，如此这般，世界会更加和谐。

分论点③（从怎么做角度写）：尊重女性，需要我们给予她们探索未知的能力；争做暖男，需要我们在她们受伤后对其悉心照料。

（2）三个问题有所侧重。

【典例2】中心论点：争先当奋勇。

分论点①：争先是在通往高远目标的道路上永远先人一步。（是什么）（次）

分论点②：奋而有为，争先才有可能。（怎么办一）（主）

分论点③：勇而无畏，争先才有保证。（怎么办二）（主）

【即时训练5】请在下面横线处填上分论点，形成分论点递进式结构。

中心论点：正视自己才能赢得未来。

分论点①：＿＿＿＿＿＿＿＿＿＿＿＿＿＿＿＿＿＿＿＿＿＿＿

分论点②：＿＿＿＿＿＿＿＿＿＿＿＿＿＿＿＿＿＿＿＿＿＿＿

分论点③：＿＿＿＿＿＿＿＿＿＿＿＿＿＿＿＿＿＿＿＿＿＿＿

（三）对比式设置

这种方法就是把中心论点分成正反两个方面展开论述。几乎所有的议论文都可以从正面写，也可以从反面写。对比式结构的议论文，可以使文章的论证更充分，更全面。

【典例1】中心论点：爱要适度。

正面：分论点①：爱子适度，才能使孩子走上健康发展的轨道。

反面：分论点②：爱子不当以致溺爱，不但不会使孩子茁壮成长，反而会阻碍孩子身心的健康发展。

【典例2】中心论点：敢于担当。

正面：勇于担当，于己于国，善莫大焉。

反面：不敢担当，既误人又害己。

总结：勇于担当，才有可能走向成功。

【典例3】中心论点：我们要忧患长思奋发，成功不忘危机。

正面：古往今来，有多少仁人志士没有在忧患中倒下，而是在忧患中崛起。

反面：世界瞬息万变，不思变，不思危，就会被时代的车轮甩下。

总结：忧患与成功总是不分你我，忧患中有机会，成功中见危机。

【即时训练6】请在下面横线处填上分论点，形成分论点对比式结构。

中心论点：实践出真知。

分论点①：＿＿＿＿＿＿＿＿＿＿＿＿＿＿＿＿＿＿＿＿＿＿＿

分论点②：＿＿＿＿＿＿＿＿＿＿＿＿＿＿＿＿＿＿＿＿＿＿＿

【即时训练7】请在下面横线处填上分论点，形成分论点对比式结构。

中心论点：求安。

分论点①：＿＿＿＿＿＿＿＿＿＿＿＿＿＿＿＿＿＿＿＿＿＿＿

分论点②：＿＿＿＿＿＿＿＿＿＿＿＿＿＿＿＿＿＿＿＿＿＿＿

 **真题回放**

（1）（2021年广东省高职高考）阅读下面的材料，根据要求作文。

中国女排在2019年女排世界杯比赛中以十一连胜夺冠，给中华人民共和国成立七十周年庆典献上了一份厚礼，女排精神再次受到追捧。主教练郎平曾说："我当主教练对自己的要求是，首先要把女排精神传承下去，女排精神就是团队精神，大家永不放弃的精神。"

你对上述材料有怎样的感触和思考？请写一篇不少于700字的文章。要求：自选角度，立意自定，题目自拟，文体不限（诗歌除外）。

【范文示例】

传承女排精神，奏响时代强音（并列式分论点）

当今社会，很多人认为女排精神已经过时了。但是，也有人说女排精神是团队精神，女排精神是永不放弃的精神。我认为，中国青年更应传承女排精神，奏响时代强音。

女排精神是一种自强不息的态度，彰显民族昂扬的锐气。

中国女排从起步到巅峰，从巅峰到低谷，从低谷到崛起，从崛起再到巅峰，这些从未阻止女排姑娘们奋斗的脚步，她们在千万次艰难中超越自我，奋力拼搏，靠的是不甘落后的自强之心。"志之所趋，无远弗届，穷山距海，不能限也。"自强不息的态度为女排插上了腾飞的翅膀，让女排2015年世界杯、2016年里约奥运会、2019年世界杯三度夺魁，奏响了时代强音。在中华民族的历史上，没有沉湎享乐的奥林匹斯众神，只有遍尝百草的神农和衔石填海的精卫；没有避难的方舟，只有三过家门而不入，执着治水的大禹。正因这自强奋进的态度，才有了女排精神的不断辉煌，才有了民族昂扬的锐气。

女排精神是一种百折不挠的精神，彰显民族不屈的骨气。

从黄沙遮天到林海浩荡，从荒原白草到鸟语花香，三代人55年的奋斗，为"塞罕坝"带来了翻天覆地的变化。手脚冻裂，他们坚持选苗；呼气成冰，他们不曾退缩。"玉非精琢难成器，铁经百炼方成钢"，正是艰苦卓绝的环境，成就了百万亩的浩瀚林场，彰显出"为有牺牲多壮志"的坚定信念、"乱云飞渡仍从容"的无畏品格。历史是最好的教科书，也是最好的清醒剂，如今物质条件优越了，生活水平提高了，不妨扪心自问：我们的骨头可还坚挺，鲜血可还沸腾？纵使外界环境沧海桑田，激流险滩依然不可避免，我们骨子里百折不挠的精神不能改变，也不应改变。

女排精神是一种爱国担当的品格，彰显民族永恒的底气。

从目不交睫的救灾战士，到捐款捐物的后方民众；从执政为民的公仆，到无私奉献的志愿者，用自己的满腔赤诚，在中华大地上构筑起了最坚实的长城。心中充溢大爱，面对挑战便有"苟利国家生死以"的奋进姿态，面对同胞更有"一枝一叶总关情"的细腻温柔。中华儿女的爱国担当，是各条战线上锐气与骨气的后盾，也是我们奋勇前行的动力之源。正所

谓"石可破也，而不可夺坚；丹可磨也，而不可夺赤"，只要爱国之心坚定赤诚，无论身处怎样的境遇，我们都不会因心无所系而空虚，不会因时代纷扰而迷茫，拥有披荆斩棘的强大力量。

与其坐而论道，不如起而行之。"传承女排精神"不能只是一句响亮的口号，更应成为你我扎实具体的行动。像坚持50多年治沙造林的石光银，像黄文秀毅然回归大山造福百姓，生活环境虽不相同，身份能力各有差异，但自强不息、百折不挠、爱国担当的精神力量却别无二致。"凿井者，起于三寸之坎，以就万仞之深"，我们也应在日常生活中传承女排精神，奏响时代强音，成为不负时代期许的优秀青年。

当锐气、骨气与底气交融，中华民族的女排精神必将充塞天地之间，女排精神之声必将响彻苍穹。

（2）（2020年广东省高职高考）阅读下面的材料，根据要求作文。

捏面人、做糖人、雕刻、剪纸……，传统手艺人挣钱不多，在这个充满诱惑的世界上，他们依然在坚守，唯恐这门手艺失传。尽管生活清苦，但是他们却说，"手艺传到我这里不能断""我也想过转行，但是舍不得这种文化和历史的味道""我这一辈子，就做这一件事，我的心就跟它连在一起了"。

你对上述材料有怎样的感触和思考？请写一篇不少于700字的文章。要求：自选角度，立意自定，题目自拟，文体不限（诗歌除外）。

【范文示例】

传承工匠精神（递进式分论点）

当今社会，许多人都觉得中国人已经没有工匠精神了。有人说手艺人挣钱不多，不必专注于此；有人说手艺人生活清苦，应当另谋出路。但是，这真的是对的吗？我认为，中国青年应传承并发扬工匠精神。

传承工匠精神是实现民族复兴的重要保障。"中华民族伟大复兴等不来，盼不来，必须靠中国人民的双手奋斗出来。"以谢军为首的北斗导航团队，克服欧洲国家的科技封锁，经过刻苦钻研，终于取得卫星频率，使我国成为全球第四个获得独立导航系统的国家。北斗导航团队之所以能抓住机遇助推民族复兴，不正是因为他们传承工匠精神吗？不正是因为他们不惧怕他国"卡脖子"吗？不正是因为他们恪守"天下兴亡，匹夫有责"吗？所以说，传承工匠精神是实现中华民族伟大复兴的重要保障。

传承工匠精神是因为工匠精神代表着一种精益求精的态度。传统手艺人说，"手艺传到我这里不能断""一辈子就做这一件事"。"志之所趋，无远弗届，穷山距海，不能限也"，洪家光打磨发动机零件，一丝不苟，精益求精；杜富国失去双手双眼后仍执着地将被子叠成豆腐块；中国核物理学家邓稼先在条件极为艰苦的情况下，带领团队凭借精益求精的态度把"两弹一星"送上太空。试想，假如他们对待工作不能细致、严谨，精益求精，那么，他们

是不会取得如此大的成就的。由此可见，传承工匠精神需要精益求精的态度和一丝不苟的精神。

传承工匠精神需要耐得住寂寞。古语云："板凳宁坐十年冷，文章不著一字空。""敦煌的女儿"樊锦诗舍半生扎根大漠，在文物保护方面做出杰出贡献，坚守初心让她得以洒脱地面对艰苦的生活环境以及与家人数十年的分居。与之相反，现在社会上有些年轻人对待工作朝秦暮楚，眼高手低，一事无成。两相对比，我们不难发现，传承工匠精神在于独守寂寞，心往一处想，劲往一处使，潜心琢磨，定能在平凡中造就不凡。

与其坐而论道，不如起而行之。传承工匠精神不能只是一句响亮的口号，更应成为你我扎实具体的行动。像黄文秀北师大硕士毕业后，毅然回归大山造福百姓；像曹原研究石墨烯勇于开拓新的领域，挑战前沿科技。他们生活环境虽不相同，身份能力各有差异，但追求精益求精的态度，耐得住寂寞的使命担当却别无二致。"凿井者，起于三寸之坎，以就万仞之深"，我们也应在日常生活中传承并发扬工匠精神，明大德，成大才，做堪当时代重任的新青年。

希望你我皆能传承并发扬工匠精神，希望社会大力倡导工匠精神之风气，希望国家的未来越来越好，共建人与自然和谐共生的美好世界。

（3）（深圳市中等职业学校2024届调研考试）阅读下面的材料，根据要求作文。

刘義檬，出生在黑龙江省肇源县的一个单亲家庭，母亲患有严重的类风湿病，瘫痪在床30年，生活无法自理。義檬3岁开始就承担起照顾母亲的重担，洗衣、做饭、按摩、理发……什么活都干。考上大学后，她带着瘫痪母亲一起上学，利用课余时间勤工俭学，照顾母亲，但从不耽误学习，成绩一直名列前茅。她的故事感动了很多人，也因此获得了包括全国道德模范在内的很多荣誉。困苦磨难，没能阻挡刘義檬前进的脚步。

田素坤，2008年入学滨州职业学院；2011年考入枣庄学院；2013年考入南华大学，读硕士研究生；2016年在南京航空航天大学读博士研究生，顺利获得博士学位，并开始博士后研究；2023年5月被聘为北京大学口腔医学院博士生导师。从一名高职学生到博士生导师，这是一个长达15年的追梦故事。回顾漫长而艰辛的求学历程，田素坤认为甘于吃苦、百折不挠的个性是支撑他追逐梦想、慨然前行的原动力。

你对以上二则材料有怎样的感触和思考？请写一篇不少于700字的文章。

要求：自选角度，立意自定，题目自拟，文体不限（诗歌除外）。

【范文示例】

持"苦"之笔 绘人生华章（并列式分论点）

华强职校2021级学生　林玉珊

有言道："夜色难免黑暗，前行必有曙光。"困苦磨难，没能阻挡刘義檬前进的脚步；田素坤甘于吃苦，逐梦15年，从一名职校生蜕变为博士生导师。他们面对人生困境，能破

茧成蝶，那我们应该如何做呢？我认为吾辈青年应要有甘于吃苦、百折不挠的精神，方能谱写属于自己的人生华章。

甘于吃苦，在磨砺中成长。

江梦南，在半岁时因药物导致失聪，但她甘于吃学习的苦，最终成为清华博士研究生；史铁生，在正值青春年华的时候因意外导致双腿瘫痪，但他在苦难中磨砺，最终用充满温情的文字挽救了无数的人；董丽娜，在十岁时因患有先天弱视彻底失明，但她经历苦难的脚步却从不停歇，最终成为中传首位盲人研究生。正是因为他们永远甘于吃苦、百折不挠的精神，才实现了梦想，书写了属于自己的人生华章。吾辈青年亦应像他们一样在磨砺中前进，甘于吃苦，磨炼意志，不断成长成功。

甘于吃苦，在风浪中前行。

李国秀、张顺东夫妇，身残志坚，两人凭借一只手两条腿在生命的风浪中，创造了脱贫攻坚的奇迹；陈贝儿，不畏苦难，她凭借溜索和钢梯在偏见与怀疑的苦涩中，向世界传达了两岸同胞的灿烂笑容；苏炳添，踔厉奋发，每天迎着太阳奔跑，在突破年龄和体能的困苦中，成为"亚洲第一飞人"。正是因为他们"甘于吃苦，百折不挠"，所以才能在各自的领域获得成功和荣誉，为国争光。吾辈青年应不怕苦，不畏难，在"苦"的风浪中展示出中国青年积极向上、奋发图强的风采。

甘于吃苦，在逐梦中收获。

"两弹元勋"邓稼先，隐姓埋名戈壁滩数十载，常年风餐露宿，以"最原始的方法"破译了原子弹的奥秘；"诺贝尔奖"获得者屠呦呦，经历长时间的试验，无数次以身试药，才提取出挽救无数人生命的青蒿素；超导专家赵忠贤，在发现高温超导体前，经历了无数次的制备、测试、分析、重新开始……正是因为他们甘于吃苦，百折不挠，才能使我们的国防稳固，让我们离科技大国更近一步，我们才能安稳地坐在教室学习。吾辈青年应只争朝夕，不负韶华，锐意进取，开拓未来。

山河已无恙，吾辈当自强。新时代的年轻人更应该直面磨砺，在风浪中前行，勇敢逐梦，方能不负韶华，不负家国的期望。

让我们用饱蘸"苦水"的笔，书写出最为绚丽华美的人生篇章，勇敢地担当起中华民族伟大复兴的重任，描绘出山河壮美、海晏河清之蓝图！

 实战演练

请根据要求写分论点。

（1）以"为人当勤劳"为中心论点，分别从"是什么""为什么""怎么办"横向并列展开思考，拟写三个分论点。

中心论点：为人当勤劳。

分论点①：_____

分论点②：_____

分论点③：_____

（2）以"理想"为话题，展开思考，用递进式的思路拟出中心论点和分论点。

中心论点：_____

分论点①：_____

分论点②：_____

分论点③：_____

（3）请以"人要有涵养"为中心论点，采用对比式设置的方法写出其分论点。

中心论点：人要有涵养。

分论点①：_____

分论点②：_____

分论点③：_____

附：作文评分标准

（1）基础等级。

一等（41~50分）：切合题意，中心突出，内容充实，感情真挚，结构严谨，语言流畅；

二等（31~40分）：符合题意，中心明确，内容较为充实，感情真实，结构较为完整，语言通顺；

三等（21~30分）：基本符合题意，中心基本明确，内容单薄，感情基本真实，语言基本通顺；

四等（0~20分）：偏离题意，中心不明或立意不当，没什么内容，结构混乱，语病多，书写乱。

（2）发展等级（10分）深刻、丰富、有文采、有创新。

依据4个评分点，不求全面，只需一点突出，即可按等级评分，直至给满10分。

判偏题的，只能评四等，"发展等级分"一分不给。

不足400字的，只能评四等，"发展等级分"一分不给。

（3）未拟题目扣2分。出现错别字，1~2个不扣分，3个扣1分，4个扣2分，5个扣3分，6个以上（含6个）扣4分，重复不计。不足字数者，每少50字扣1分。

第五章　分析论证段

　　议论文的核心在于"议论"。在写作过程中，完成审题、立意、拟题、开头和设置分论点后，接下来需要通过概念、判断、推理、归纳等逻辑方法，结合论据对论点进行论证。根据段落内容的不同，议论文的段落可分为阐释性段落和分析论证段落。其中，分析论证段落是议论文论证的核心段落。因此，掌握分析论证段落的写作方法，是写好议论文的关键。

一、概念厘清

　　议论文的阐释性段落主要用于提出观点、解释概念、总结论证或过渡衔接。它的作用是让读者明确文章的核心思想，并为后续的论证做好铺垫。分析论证段落是展开论证推理的段落，是体现作者分论点的段落，是议论文文体特征最突出的表现，更是议论文议论深刻、论证有力的关键和全篇的缩影。

二、行文准则

　　分析论证段的原则如下：

　　（1）论点聚焦。段首明示分论点，始终围绕核心展开，避免偏离。

　　（2）论据扎实。用事实、数据、案例、名言等具体论据支撑，忌空泛议论。

　　（3）逻辑递进。按"观点句—阐释句—材料句—分析句—结论句"分层展开，一般写2~3个段落为宜，每个段落约200字，兼具梯度与深度。

　　（4）方法灵活。综合举例、对比、因果分析等论证方式，增强说服力。

　　（5）语言精准。表述简洁，用词准确，避免冗余模糊。

　　（6）结论收束。段尾总结分论点，呼应全文主题，强化论证闭环。

　　（7）衔接自然。段落间用过渡词句衔接，确保逻辑连贯。

三、技法点拨

（一）分析论证段——"五句式对应法"

在高职高考 700 字的新材料作文中，议论文的分析论证段，须逻辑清晰，层次分明，可采用"五句式对应法"。

"五句式对应法"常见结构：①观点句（分论点，为什么）→②阐释句（引用名言）→③材料句（举 2 或 3 个简例）→④分析句（假设分析法）→⑤结论句。其内涵和要点如表 5-1 所示。

表 5-1　五句式内涵和要点

五句式	内涵	要点
观点句	出现在句首，开门见山，直接表明这一段要论证什么问题	一般为分论点。反复斟酌，避免病句
阐释句	对中心论点句中的核心概念进行阐释，属于道理论证	常引用名人名言，增强议论文文采
材料句	列举典型事例，古今中外，正反事例均可	紧扣分论点，选材角度准确，叙述简明扼要
分析句	分析说理，点明事例与论点的关系。这是本段中最重要的一步。不进行分析说理，事例就不能成为分论点的论据。有事例有说理，方能有理有据	此句为"有理有据"的关键所在。巧用关键词体现因果、假设、对比等论证方式
结论句	本段小结。照应本段开头，可重申这一段的分论点，也可将分论点和中心论点进行结合	"因此""由此可见""综上所述""所以说""所以我认为"等字样可以作为标志

【典例 1】《耐得住寂寞，才守得住繁华》的分析论证段：

①耐得住寒冬，才等得到花开；耐得住寂寞，才守得住繁华。②喧闹滋养不出严谨的学术精神，唯有在寂寞中浸泡才能孕育出令世人惊艳的学术成果。③古有左思废寝忘食，独坐书房，精思十年，终成文辞动人的《三都赋》，一时之间"豪贵之家竞相传写，洛阳为之纸贵"；今有浙大教授胡海岚寂寞坚守，乐此不疲，钻研冷门学科神经学，最终发现氯胺酮对抑郁症的治疗作用，成为亚洲首位 IBRO-Kemali 国际奖的获得者。④古往今来，面对功名利禄的诱惑时，多少人汲汲于名利，戚戚于富贵，然而总有那么一些人遗世独立，踽踽独行，只留给世人一个孤独的背影。因为他们深知只有"独上高楼，望尽天涯路"，只有"衣带渐宽终不悔，为伊消得人憔悴"，才会有"众里寻他千百度，蓦然回首，那人却在，灯火

阑珊处"。⑤在这个"砖家""导师"让人眼花缭乱的时代，真正的学者常常在不被世人理解的痛苦中默默前行，在寂寞中用自己严谨的学术精神和扎实的学术功底照亮人类前进的方向。

观点句：耐得住寒冬，才等得到花开；耐得住寂寞，才守得住繁华。（①是观点句，又是文章的分论点）

阐释句：喧闹滋养不出严谨的学术精神，唯有在寂寞中浸泡才能孕育出令世人惊艳的学术成果。（②对观点句进行简明扼要的展开，为选材找准角度，可采用必要条件句式"……才能……""……就要……""……要以……"为基础阐释论点，强调了条件的必要，而这必要的条件正好是分论点，由此证明了分论点的成立。另外，"是"字句和双重否定句也是阐释分论点的常用句式）

材料句：古有左思废寝忘食，独坐书房，精思十年，终成文辞动人的《三都赋》，一时之间"豪贵之家竞相传写，洛阳为之纸贵"；今有浙大教授胡海岚寂寞坚守，乐此不疲，钻研冷门学科神经学，最终发现氯胺酮对抑郁症的治疗作用，成为亚洲首位 IBRO-Kemali 国际奖的获得者。（③引述事例一般要几句话，内容要围绕分论点，交代人物的状况、行动和结果，做到简明典型。）

分析句：古往今来，面对功名利禄的诱惑时，多少人汲汲于名利，戚戚于富贵，然而总有那么一些人遗世独立，踽踽独行，只留给世人一个孤独的背影。因为他们深知只有"独上高楼，望尽天涯路"，只有"衣带渐宽终不悔，为伊消得人憔悴"，才会有"众里寻他千百度，蓦然回首，那人却在，灯火阑珊处"。（④是材料论证中心的具体展示，是作者观点的具体展开。可采用假设分析法，从反面假设得出可能的结果，从而论证了本段观点的必要性和重要性。）

结论句：在这个"砖家""导师"让人眼花缭乱的时代，真正的学者常常在不被世人理解的痛苦中默默前行，在寂寞中用自己严谨的学术精神和扎实的学术功底照亮人类前进的方向。（⑤联系实际照应观点句，并可适当延伸，闪现话题中心词，紧扣全文中心。）

在实际写作过程中，分析论证段的五句式对应法可以视情况灵活运用。有些句式可以省略，有些句式可以互换位置，有些要素甚至可以多次出现。

【典例2】《卓越无止境，跨越不停歇》的分析论证段：

①实现跨越，青年继往开来，向前笃行不息。②"天行健，君子以自强不息。"世上没有一蹴而就的成功，没有从天而降的"伟力"，只有一次次自强不息的拼搏、羽化成蝶的跨越。③"三朝元老"逐梦前行，冬奥赛场上国歌久久回响，那是徐梦桃的跨越；失聪少女勇破困境，生物领域一颗新星冉冉升起，那是江梦南的跨越。④"踵其事而增华，变其本而加厉。"青年身披前人之光，应努力跨越、再跨越，担负起时代责任，释放出蓬勃力量。

⑤唯有此，才能积沙成塔、积水成渊，实现中华民族伟大复兴。

观点句：实现跨越，青年继往开来，向前笃行不息。（①是观点句，又是文章的分论点）

阐释句："天行健，君子以自强不息。"世上没有一蹴而就的成功，没有从天而降的"伟力"，只有一次次自强不息的拼搏、羽化成蝶的跨越。（②对观点句进行简明扼要的展开，以"没有……只有……"句式阐释论点，通过否定与肯定的双重表达形成鲜明对比，凸显自强精神的必要性。）

材料句："三朝元老"逐梦前行，冬奥赛场上国歌久久回响，那是徐梦桃的跨越；失聪少女勇破困境，生物领域一颗新星冉冉升起，那是江梦南的跨越。（③运用举例论证，论据贴切，句式整齐，富有节奏感和感染力。）

分析句："踵其事而增华，变其本而加厉。"青年身披前人之光，应努力跨越、再跨越，担负起时代责任，释放出蓬勃力量。（④运用假设分析法构建反向推演，揭示传承与创新的辩证关系。）

结论句：唯有此，才能积沙成塔、积水成渊，实现中华民族伟大复兴。（⑤唯有此，是结论句的标志。照应开头，构建首尾闭合的环形结构。）

【即时训练1】 请在下面横线处填上"五句式对应"的句子。

织成一张新时代的伟大"天网"，需要团结一致的精神。"北斗三号"中的"吉星"，形单影只时，再强大也无法提供定位功能，健全的卫星导航系统离不开每一颗卫星。同理，个体的力量始终是有限的，只有融入集体，与其他个体保持紧密协作，才能织就牢不可破的"天网"。中国女排在低谷中奋起，拼搏不息，从不放弃，不惧强敌。这些优秀的姑娘为了共同的梦想走到了一起，团结一心，锻造出民族性格，铸就了国家的辉煌。一个又一个热情的人凝聚在一起，一个又一个上进的集体凝聚在一起，终能织成牢不可破的"天网"。

观点句：＿＿＿＿＿＿＿＿＿＿＿＿＿＿＿＿＿＿＿＿＿＿＿＿＿＿＿＿＿＿＿＿＿＿

＿＿＿＿＿＿＿＿＿＿＿＿＿＿＿＿＿＿＿＿＿＿＿＿＿＿＿＿＿＿＿＿＿＿＿＿＿＿

阐释句：＿＿＿＿＿＿＿＿＿＿＿＿＿＿＿＿＿＿＿＿＿＿＿＿＿＿＿＿＿＿＿＿＿＿

＿＿＿＿＿＿＿＿＿＿＿＿＿＿＿＿＿＿＿＿＿＿＿＿＿＿＿＿＿＿＿＿＿＿＿＿＿＿

材料句：＿＿＿＿＿＿＿＿＿＿＿＿＿＿＿＿＿＿＿＿＿＿＿＿＿＿＿＿＿＿＿＿＿＿

＿＿＿＿＿＿＿＿＿＿＿＿＿＿＿＿＿＿＿＿＿＿＿＿＿＿＿＿＿＿＿＿＿＿＿＿＿＿

分析句：＿＿＿＿＿＿＿＿＿＿＿＿＿＿＿＿＿＿＿＿＿＿＿＿＿＿＿＿＿＿＿＿＿＿

＿＿＿＿＿＿＿＿＿＿＿＿＿＿＿＿＿＿＿＿＿＿＿＿＿＿＿＿＿＿＿＿＿＿＿＿＿＿

结论句：＿＿＿＿＿＿＿＿＿＿＿＿＿＿＿＿＿＿＿＿＿＿＿＿＿＿＿＿＿＿＿＿＿＿

＿＿＿＿＿＿＿＿＿＿＿＿＿＿＿＿＿＿＿＿＿＿＿＿＿＿＿＿＿＿＿＿＿＿＿＿＿＿

1. 分析论证段——材料句

材料句是议论文举例论证的体现。材料句中的材料，要求具备典型性、概括性和准确性。材料句写作最常见的误区，就是因为材料积累不够，在写作时凑字数，将一段材料详细叙述描写，过分铺陈，给人文体不分之感。因此，我们平时要多积累写作素材，方能在写材料句的过程中有源源不断的材料，信手拈来，将分析论证段的材料写得错落有致。

材料句的写法主要有以下两种：①1 个详细的例子（见典例 1、2）。②2 或 3 个简略的例子：并列式（见典例 3、4）、正反式（见典例 5、6）、古今式（见典例 7、8）、中外式（见典例 9、10）、反面式（见典例 11、12）。

【典例 1】 论证"坚持是成功的保证"的分论点，列举 1 个详细的例子。

曹雪芹出身显赫，家道中落，满腹才学，科举不中，但他坚持文学创作，笔耕不辍，批阅十载，增删五次，"字字看来皆是血，十年辛苦不寻常"，终于创作出了中国现实主义巅峰之作《红楼梦》。

【典例 2】 论证"体育可以磨炼意志，培养永不言弃、超越自我的品质"的分论点，列举 1 个详细的例子。

苏炳添备战比赛期间，一遍又一遍地研究文献资料，分析学习近十年我国男子 100 米短跑的成功经验，一次又一次地回看录像，压低身体向前，起身，冲出跑道，再回到起点，蹲身，冲出跑道……每个动作都全神贯注、精益求精，每次训练都全力以赴、力求突破。成千上万次的锤炼，磨炼了他的意志，使他最终成为中国历史上首位闯进奥运会男子百米决赛的运动员。

【典例 3】 论证"为人处世需方正，坚守原则不妥协"的分论点，列举 2 个并列式简例。

昔有苏武坚守爱国原则，北海牧羊十九载，誓死不屈，"始以强壮出，及还，须发尽白"；又有包拯坚守公正原则，不负权贵，铁面无私，被百姓盛赞为"包青天"。

【典例 4】 论证"不断学习，追求卓越，可以让我们有坚韧顽强的意志"的分论点，列举 3 个并列式简例。

黄文秀硕士毕业回归大山深处，造福家乡人民；工程院士李玉把论文写在大地上，让"小木耳"变成"大产业"；工匠洪家光打磨发动机零件精益求精，在平凡中造就不凡。

【典例 5】 论证"践行人类命运共同体理念，需要有开放的胸襟"的分论点，列举 2 个正反式简例。

要与世界先进企业共同建立人类的信息社会，而不是孤家寡人建立信息社会。这是任正非的清醒理智，也是他的国际视野和开放胸襟。1986 年，第一届中日消化道外科会议，吴

孟超一口答应日本医学代表团拍摄他肿瘤切除手术全过程的要求……揆诸苍穹之下，与之相反，总有人一味求"异"，竭力奉行"单边主义"，挑衅"多边主义"；大力为"霸权主义"开路，打压"一带一路"倡议……

【典例6】 论证"只有行前慎思，才能稳扎稳打"的分论点，列举2个正反式简例。

昔有项羽、刘邦相约"先入定关中者王之"，然而先入关中的刘邦考虑到自己与项羽在兵力上的悬殊，选择了暂时隐忍，避免了毫无胜算的争斗，默默壮大自身，终成帝王大业。反观2018年轰动一时的重庆坠江事件，仅因一场无谓的纷争，乘客和司机一时冲动，就酿成了难以挽回的悲剧。

【典例7】 论证"不同的人兴趣不同，特长不同，所选择的人生道路亦不同"的分论点，列举2个古今式简例。

世界文豪巴尔扎克本是学法律的，可他偏偏对当作家情有独钟，不顾父亲劝阻，哪怕穷困潦倒，负债累累，仍笔耕不辍，坚持写作，终于在文学领域取得了巨大成功。在2022年世界技能大赛特别赛中，靠"刮腻子"摘下比赛项目桂冠的马宏达，因中考失利，选择进入技术学校学习，却因此找到了自己的兴趣，为自己开辟了一条锦绣人生路。

【典例8】 论证"习他人之长，可提高跟跑的速度。韩愈曾论道'古之学者必有师'"的分论点，列举3个古今式简例。

孔子纵然享圣人之名，仍不耻学于世，为的是求得天下大道；魏源于民族危亡之际，开眼看世界，首倡"师夷长技以制夷"，为的是不落伍于世界潮流；留美归来的钱学森处荒漠戈壁之间，潜心研究，为的是在国防上赶超世界大国。

【典例9】 论证"只有敢于追求宏伟的目标，设立远大的志向，才有可能到达梦想的彼岸"的分论点，列举2个中外式简例。

刘邦志在天下，不满足于区区亭长之职，不止步于堂堂汉王之位。历经凶险，坚定目标，终成大业；出生在阿根廷一个贫困家庭的马拉多纳，不因贫穷饥饿而短志，敢于追求远大的足球梦想，最终荣誉满身。

【典例10】 论证"学习亦当是'苦'的，其间充满着挑战和艰辛，需要我们以'板凳要坐十年冷'的态度，刻苦自励，精益求精"的分论点，列举2个中外式简例。

从一代大儒宋濂的"天大寒，砚冰坚，手指不可屈伸，弗之怠"，到中国科学院大学博士黄国平的"二十二载求学路，一路风雨泥泞，许多不容易"，我们读到了无数学子在贫寒中求学，于逆境中奋起的故事。

【典例11】 论证"取之无道，贪多则少"的分论点，列举2个反面式简例。

赵高，不满足于已有，用卑劣手段谋求权位和富贵，指鹿为马，扶胡亥为帝，以致留下一世骂名。河北省税务局原局长李真，丧失信念，被利益蒙蔽良知，贪污受贿，不仅原有官

职丢尽，财产被没收，而且被判死刑，终了一生。

【典例12】论证"德不配位，必有灾殃"的分论点，列举3个反面式简例。

商纣王，虽贵为天子，却暴虐无道，沉迷酒色，残害忠良，最终失去民心，被周武王推翻，商朝灭亡。隋炀帝杨广，虽才华横溢，却骄奢淫逸，滥用民力，开凿大运河、三征高句丽，导致民不聊生，最终引发全国性起义，隋朝迅速崩溃。现代某企业高管，凭借关系上位，却缺乏管理能力和职业道德，任人唯亲，贪污腐败，导致企业亏损严重，最终被查处并锒铛入狱。

【即时训练2】请在下面横线处填上列举的典型事例。

孤独使人沉淀自我，让人得以厚积薄发，一鸣惊人。

_____

_____

_____

_____

_____

2. 分析论证段——分析句

分析法是指分析论证段落中运用恰当语句，点明材料和要论证的论点之间关系的方法。写作时，可以突出关键词，显示出四大分析论证方法的逻辑和思路。常用的分析法有下面几种：

（1）假设分析法。

假设分析法是指对论据进行假设分析时，从正面或者反面论述观点的一种方法。如果举的例子是正面的，那么就从反面来假设分析；如果举的例子是反面的，那么就从正面来假设分析。

假设分析法常见的句式有："如果/假设……""试想/试问……""假如/如果……""……那么……"等，在运用时注意多角度阐述材料，紧密联系中心论点，就可以使分析更加深入，更加透彻。

假设分析法常见的结构有正面假设、反向假设、对比假设、递进假设、极端假设等。

【典例1】坚持是成功的关键。如果爱迪生在发明电灯的过程中放弃，人类可能至今仍在黑暗中摸索。但是他坚持尝试每一种材料，最终找到钨丝，点亮了世界。因此，唯有以持之以恒的毅力面对挑战，才能在黑暗中点亮希望之光，书写属于自己的成功篇章。

本段的中心论点是"坚持是成功的关键",用爱迪生发明电灯作为正面论据。在分析句中,用"如果"句式从反面假设分析,"如果爱迪生在发明电灯的过程中放弃,人类可能至今仍在黑暗中摸索。"接着,又从正面分析"但是他坚持尝试每一种材料,最终找到钨丝,点亮了世界",从而得出结论。紧扣中心论点,分析有力度。

【即时训练3】请在下面横线处填上适当的假设分析内容,使段落完整并紧扣中心论点。

论点:勤奋是成就梦想的基石。马云在创立阿里巴巴的过程中,经历了无数次的失败和质疑,但他始终没有放弃,最终打造了全球知名的电商平台。

假设①:如果马云在创业初期因失败而放弃,_____

假设②:如果他坚持不断学习和改进,_____

（2）因果分析法。

因果分析法,就是抓住论据所述的事实,沿着"为什么"这条思路,探求根源,推求形成原因的一种分析方法。

因果分析法常见的句式有:"之所以……是因为/不正是……""因此可见……""正因为……""为什么……"等。

因果分析法常见的结构有:一因一果、一因多果、多因一果、多因多果等。

【典例2】创新可以造就成功。它首先是一种大胆想象尝试,当然更可转化为成功源泉的进行曲,刘路的成功正是源于他的创新能力。"西塔潘猜想"<u>为什么多年无人破解？因为</u>大家习惯用传统方式思考,<u>所以</u>"西塔潘猜想"不能被破解；<u>正是因为</u>刘路转换角度进行思考,<u>所以</u>"西塔潘猜想"最终被破解了。如果刘路与大家都用相同的方式思考,不将已有的方法进行修改,那么他就不会创新性地发现证明"西塔潘猜想"的方法。<u>正是因为</u>他更新了常规观念,<u>所以</u>开拓创新找到了证明问题的方法。<u>由此可见</u>,开拓创新对于一个人成功的重要性。

本段在论述的过程中,论据为"刘路破解'西塔藩猜想'",用因果分析阐释《西塔藩猜想》之所以被破解,是因为刘路转换角度进行思考,"正是因为他更新了常规观念,所以开拓创新找到了证明问题的方法"。进而得出结论"由此可见,开拓创新对于一个人的成功的重要性"。

【即时训练4】请在下面横线处填上适当的因果分析内容,使段落完整并紧扣中心论点。

阅读是提升个人素养的重要途径。某学生每天坚持阅读一小时,逐渐积累了丰富的知识,写作能力和思维能力显著提升。某职场人士通过阅读专业书籍,掌握了行业前沿动态,工作能力得到同事和领导的认可。

原因①：阅读能够 _____

原因②：阅读可以 _____

结果①：_____

结果②：_____

（3）对比分析法。

对比分析就是对比分析正面和反面材料，点出其中的不同之处，在强烈的对比中申明道理。

对比分析法常见的句式有："与之相反……"等。

对比分析法常见的结构有：正反对比、古今对比、中外对比、现象与本质对比、假设与现实对比等。

【典例3】成功需要脚踏实地，而非投机取巧。屠呦呦潜心研究青蒿素数十年，历经数百次实验失败，最终研发出拯救数百万生命的抗疟药物，荣获诺贝尔奖。某网红通过炒作迅速走红，却因缺乏真才实学，很快被公众遗忘。

本段通过屠呦呦和某网红的事例，在强烈的对比中论证论点：真正的成功需要长期的积累与坚持，而非一时的投机取巧。屠呦呦的成就源于脚踏实地的科研精神，而网红的昙花一现则揭示了急功近利的危害。

【即时训练5】请在下面横线处填上适当的对比分析内容，使段落完整并紧扣中心论点。

诚信是立身之本。某企业始终坚持诚信经营，赢得了客户的信任，市场份额逐年扩大，成为行业标杆。某公司为追求短期利益，以次充好，欺骗消费者，最终被市场淘汰，声名狼藉。

对比分析：_____

_____

_____

（4）归纳分析法。

归纳分析法是一种从具体到抽象的论证方法，通过列举多个具体事例或现象，总结出普遍规律或结论，从而支持论点。其核心是从个别到一般，从特殊到普遍，通过事实的积累推导出具有普遍意义的观点。

归纳分析法的常见句式有："无不表明……""无论是……还是……""由此可见，……是……关键""综上所述……"等。

归纳分析法的常见结构有：事例列举+共性总结、现象描述+规律揭示、分点论述+综合分析、时间维度归纳和空间维度归纳等。

【典例 4】 创新是推动社会进步的核心动力。中国古代四大发明推动了世界文明的进程。工业革命中的蒸汽机发明彻底改变了生产方式。互联网技术的普及使全球进入信息化时代。从古至今，创新始终是推动社会进步的关键力量。因此，我们必须高度重视创新，将其作为发展的核心战略。

本段通过归纳分析法，论证创新是推动社会进步的核心动力。从古至今，通过事例列举得出结论。

【即时训练 6】 请在下面横线处填上适当的归纳总结内容，使段落完整并紧扣中心论点。

合作是解决问题的重要方式。某企业通过团队协作，集思广益，成功攻克技术难题，提升了产品竞争力。某社区通过居民共同努力，解决了长期存在的环境问题，改善了生活质量。

归纳总结：_____

_____

_____

真题回放

(2025 年广东省高职高考) 阅读下面的材料，根据要求作文。

广东卫视大型技能人才成长纪实节目《2024 技行天下》围绕"新职业、新培养、新工匠"的理念，展现技能人才风采。彰显广东在高技能人才培养方面的决心与成效，并为技能人才提供广阔的就业通道。

近年来，不少优秀的职业技术学子成为深受行业企业欢迎的技能精英，他们为企业提高生产效率、降低成本，用技能点亮乡村振兴之路……他们以一技之长回馈社会。成就了自己的精彩人生。

上述材料引发了你怎样的感触与思考？请写一篇 700 字以上的文章。要求：自选角度，自拟标题，自选文体（诗歌除外），不要套作，不得抄袭，不得泄露个人信息。

【范文评析】

以技能之光，照亮人生之路

　　广东卫视《2024技行天下》的热播，让我们看到了技能人才的璀璨光芒。他们用一技之长点亮乡村振兴之路，用精湛技艺推动企业发展，更用不懈奋斗书写了自己的精彩人生。这让我深刻认识到，技能不仅是谋生的工具，更是实现人生价值的桥梁。在新时代的浪潮中，技能人才正以崭新的姿态，为社会注入蓬勃的活力。

　　技能是个人成长的基石。

　　技能是个人立足社会的根本。近年来，越来越多的职业技术学子通过刻苦学习，掌握了扎实的专业技能，成为行业中的佼佼者。例如，某职业技术学院的毕业生小李，凭借精湛的数控技术，不仅在企业中脱颖而出，还带领团队攻克了多项技术难题，为企业创造了巨大的经济效益。他的成功告诉我们，技能不仅是谋生的手段，更是实现个人价值的途径。正如古人云："工欲善其事，必先利其器。"只有掌握一技之长，才能在激烈的竞争中立于不败之地。**（分析论证段）**

　　技能是社会发展的动力。

　　技能人才是推动社会进步的重要力量。在乡村振兴的道路上，技能人才发挥着不可替代的作用。比如，某农业职业技术学校的毕业生小王，利用所学知识，带领村民发展现代农业，不仅提高了农产品的产量和质量，还帮助村民实现了增收致富。他的故事表明，技能不仅是个人成长的阶梯，更是社会发展的引擎。正如《2024技行天下》所展现的，技能人才正在用自己的智慧和汗水，为社会的繁荣注入源源不断的动力。**（分析论证段）**

　　技能是时代赋予的机遇。

　　新时代为技能人才提供了广阔的舞台。随着科技的飞速发展，新职业、新技能层出不穷，为技能人才提供了更多的就业机会和发展空间。例如，某职业技术学院的毕业生小张，通过学习人工智能技术，成功进入一家高科技企业，成为行业中的技术骨干。他的经历告诉我们，技能不仅是时代的需要，更是个人实现梦想的机遇。正如节目中所强调的，"新职业、新培养、新工匠"的理念，正在为技能人才开辟一条崭新的道路。**（分析论证段）**

　　技能之光，照亮人生之路。无论是个人成长、社会发展，还是时代机遇，技能都扮演着不可或缺的角色。让我们以技能为翼，勇敢追梦，用一技之长书写属于自己的精彩人生，为社会的进步贡献自己的力量。

　　【评析】①本文层次清晰，逻辑严密。分析论证段从"个人成长""社会发展""时代机遇"三个角度展开，层层递进，既展现了技能的多元价值，又紧扣材料主题。每一段都以具体事例为支撑，增强了论证的说服力。

②本文事例典型，贴近现实。论证中引用了职业技术学子的真实案例，如小李的数控技术、小王的现代农业、小张的人工智能技术，这些事例既贴近生活，又具有时代感，能够引发读者的共鸣。

③本文语言简洁，论证有力。语言简洁明了，逻辑清晰，每一段的结尾都通过名言或总结句回扣论点，增强了论证的力度。例如，"技能不仅是谋生的手段，更是实现个人价值的途径"等句子，既精炼又深刻。

④本文紧扣材料，立意深刻。论证段始终围绕《2024 技行天下》的主题展开，既体现了对材料的深刻理解，又展现了技能人才的时代价值，立意深刻，富有启发性。

 实战演练

请根据要求写分析论证段。

（1）请以"语言是化解误会的良药"为中心论点，分别写出观点句、阐释句、材料句、分析句、结论句。

观点句：＿＿＿＿＿＿＿＿＿＿＿＿＿＿＿＿＿＿＿＿＿＿＿＿＿＿＿＿＿＿

阐释句：＿＿＿＿＿＿＿＿＿＿＿＿＿＿＿＿＿＿＿＿＿＿＿＿＿＿＿＿＿＿

材料句：＿＿＿＿＿＿＿＿＿＿＿＿＿＿＿＿＿＿＿＿＿＿＿＿＿＿＿＿＿＿

＿＿＿＿＿＿＿＿＿＿＿＿＿＿＿＿＿＿＿＿＿＿＿＿＿＿＿＿＿＿＿＿＿＿

分析句：＿＿＿＿＿＿＿＿＿＿＿＿＿＿＿＿＿＿＿＿＿＿＿＿＿＿＿＿＿＿

结论句：＿＿＿＿＿＿＿＿＿＿＿＿＿＿＿＿＿＿＿＿＿＿＿＿＿＿＿＿＿＿

（2）请以"宽容者，成大事"为中心论点，分别写出观点句、阐释句、材料句、分析句、结论句。

观点句：＿＿＿＿＿＿＿＿＿＿＿＿＿＿＿＿＿＿＿＿＿＿＿＿＿＿＿＿＿＿

阐释句：＿＿＿＿＿＿＿＿＿＿＿＿＿＿＿＿＿＿＿＿＿＿＿＿＿＿＿＿＿＿

材料句：＿＿＿＿＿＿＿＿＿＿＿＿＿＿＿＿＿＿＿＿＿＿＿＿＿＿＿＿＿＿

＿＿＿＿＿＿＿＿＿＿＿＿＿＿＿＿＿＿＿＿＿＿＿＿＿＿＿＿＿＿＿＿＿＿

分析句：＿＿＿＿＿＿＿＿＿＿＿＿＿＿＿＿＿＿＿＿＿＿＿＿＿＿＿＿＿＿

结论句：＿＿＿＿＿＿＿＿＿＿＿＿＿＿＿＿＿＿＿＿＿＿＿＿＿＿＿＿＿＿

（3）请以"行动是实现梦想的桥梁"为中心论点，分别写出观点句、阐释句、材料句、分析句、结论句。

观点句：_____

阐释句：_____

材料句：_____

_____

_____

分析句：_____

结论句：_____

第六章 结 尾

清代诗评家沈德潜在《说诗晬语》中说："一篇之妙，全在结句。"意思是说，一首诗的妙处，全都在于收结的句子上。作诗如此，为文亦然。因此，掌握议论文结尾技法，会让高考作文有"终篇之际，执卷留连"之效。

一、概念厘清

作文的结尾，也叫"作文的收尾"，是文章的最后部分，与作文"标题""开头""主体段落"等一样，是议论文整体结构中的重要组成部分，是在完成对论点的阐述、论证之后，对全文内容进行的收束与总结，具有总结全文、深化主题、强调观点、引发思考等重要作用。

从结构角度看，结尾是议论文行文结构的最后环节，它与开头的提出问题、中间的分析论证相互呼应，共同构成一个完整的逻辑体系。它承接上文的论证内容，对全文进行系统性的归纳，使文章的结构严谨、完整，让读者清晰地感受到论证的完整性和逻辑的连贯性。

从内容角度看，结尾是对文章核心内容的再次整合与升华。它会对前文所论述的观点和论据进行概括总结，重申核心论点，让读者再次明确文章的主要观点。同时，结尾还会在已有论述的基础上，进一步挖掘论点的深度和广度，将主题提升到一个新的高度，使读者对文章所探讨的问题有更深刻的理解。

从表达效果角度看，结尾是作者传达情感态度、增强文章感染力和说服力的关键部分。通过运用恰当的语言表达方式和修辞手法，如呼吁式、反问式等，能够激发读者的情感共鸣，强化读者对文章观点的认同，使读者更易于接受作者所传达的思想。

从功能角度看，结尾具有引导读者思考和行动的功能。它不仅要让读者理解文章的观点，还应启发读者对相关问题进行更深入的思考，或者引导读者将文章中的观点应用到实际生活中，引发读者在思想或行为上的转变。

二、行文准则

议论文的结尾应坚持以下原则：

（1）简洁有力。结尾需简洁明了，避免冗长复杂的表述。要用最精练的语言收束全文，迅速有力地结束论证，给读者留下清晰、干脆的印象，让读者能快速抓住核心观点，不产生拖沓之感。

（2）紧扣主题。要与文章的中心论点紧密相连，再次强调核心观点，确保文章主题的一致性，使读者明确文章主旨。与开头、标题及文中的核心观点相呼应。呼应开头能使文章结构完整，形成一个闭合的逻辑圈；呼应标题可强化主题，让文章紧扣主题；呼应文中核心观点则能再次强调论证重点，使文章的逻辑更加连贯紧密。

（3）深化主旨。在总结全文的基础上，对主题进行适当升华，挖掘论点的广度和深度，以巧妙的方式启发读者，让读者在阅读结尾后能对文章所探讨的问题有更深刻的理解和认识，或得到新的启示，引发读者的进一步思考。

（4）呼告感召。结尾应具有一定的感染力和号召力，运用恰当的语言和表达方式，激发读者的情感共鸣，让读者认同作者观点，并有可能促使读者在思想或行动上产生改变，使文章具有现实意义和价值。

三、技法点拨

议论文的结尾方式有以下几种：

（一）自然收束式

自然收束式是指在把文章内容表达完之后，自然而然地收束全文，水到渠成式地"编筐收口"，不进行过多的强调或渲染，给读者留下简洁明了的印象的结尾方式。这种自然而然的结尾方式能够让文章变得平和，不会给人留下故弄玄虚的坏印象。

自然收束式具有以下特点：

（1）朴素无华。自然收束是没有过多的雕琢和设计，它以朴素无华的方式结束文章，让人感到亲切自然。

（2）顺其自然。自然收束是在文章内容表达完后，自然而然地收束全文，没有刻意的安排和设计，让人感到顺其自然。

（3）简洁明了。自然收束力求简洁明了，不拖沓，不冗长，让人一眼就能看懂作者的意图和目的。

（4）深化主题。虽然自然收束没有过多的设计，但它通常会以一种简洁明快的方式深化文章的主题或中心论点，让人印象深刻。

【典例】《岁月往复，匠心筑梦》的开头：

江河奔流，日月经天。我们行走山重水复间，欣赏过皴染着水墨丹青的青花瓷器，也感慨过零部件高度精密的大国重器，在这些器物中感悟匠人们"精于工，匠于心，品于行"的精神内核，在品读工匠精神中淬炼我们的为人之道，抵达柳暗花明的彼岸。

《岁月往复，匠心筑梦》的结尾：

岁月鹜过，山陵浸远。"工匠精神"秉持着"在衰落遗失的边缘坚守，在快捷功利的繁荣里坚持"的初心绵延不息。而吾辈青年于时代洪流之中，须将"择一事，终一生"作为人生信条，踏着风浪不断向前。拨散裹挟着喧嚣的云翳，任由岁月往复，独坚守"工匠精神"，铸就人生大梦。

这篇作文从"精于工""匠于心"到"品于行"逐层展开，到最后结尾时以"工匠精神"自然收束，卒章显志，又水到渠成。

【即时训练1】请给题为"人生有味是清欢"的作文写一段自然收束式的结尾。

人生有味是清欢

结尾：＿＿＿＿＿＿＿＿＿＿＿＿＿＿＿＿＿＿＿＿＿＿＿＿＿＿＿＿＿＿＿＿

＿＿＿＿＿＿＿＿＿＿＿＿＿＿＿＿＿＿＿＿＿＿＿＿＿＿＿＿＿＿＿＿＿＿＿＿＿

＿＿＿＿＿＿＿＿＿＿＿＿＿＿＿＿＿＿＿＿＿＿＿＿＿＿＿＿＿＿＿＿＿＿＿＿＿

＿＿＿＿＿＿＿＿＿＿＿＿＿＿＿＿＿＿＿＿＿＿＿＿＿＿＿＿＿＿＿＿＿＿＿＿＿

＿＿＿＿＿＿＿＿＿＿＿＿＿＿＿＿＿＿＿＿＿＿＿＿＿＿＿＿＿＿＿＿＿＿＿＿＿

（二）归纳总结式

归纳总结式是指在结尾处对全文内容进行总结和归纳，再次强调文章的中心论点或主题，并深化其意义和价值，增强读者对论点的印象和理解的结尾方式。

使用归纳总结式结尾时，需要简要概括文章的主要内容，同时用简洁明了的语言对其进行归纳和总结。可以包括对于论点的再次强调、对于论据的概括回顾、对于论证过程的总结回顾等。此外，也可以通过提出一些启示、建议或展望未来等方式，进一步扩展文章的主题

或中心论点。

【典例1】《我们需要不一样》的结尾：

人生的本质亦如此。只有与众不同且富有价值，并不断进取，才会始终被需要。若只是一味地追随他人的脚步，无视自我的价值，我们必将为不再被需要而深感焦虑。所以，我们应该像歌曲《我们不一样》里唱的那般，找准自己的位置，成为无可替代的人，从而立于不败之地！

这则结尾在前文的基础上归纳总结出结论：我们要找准位置，成为与众不同的人，并不断进取，才会始终被需要，从而立于不败之地。

【典例2】《文武之道，一张一弛》的结尾：

综上所述，忙能让我们感受到生活的充实，但是我们的忙应有张有弛，这样，才能保证生活的质量，人人都能忙出效率，忙出成果，从而带来国家富强，人民幸福。

这则结尾由个人而延及国家、人民，不仅总结前文，还使文意丰富深化，升华主旨。

【即时训练2】请给题为"以吾辈之青春，护盛世之中华"的作文写一段归纳总结式的结尾。

以吾辈之青春，护盛世之中华

结尾：_____

_____

_____

_____

_____

（三）前后照应式

前后照应式是指在结尾处与前文进行照应，回顾或回应开头的内容，以强调文章的中心论点或主题的结尾方式。

使用前后照应式结尾时，通常在结尾处再次重申文章的主题或中心论点，并对其进行总结或概括。同时，也需要确保结尾与前文相呼应，即在内容上与前文保持一致，使文章在结构上更加完整、连贯。

【典例1】《常怀感恩之心》的开头：

草感地恩，方得其郁葱；花感雨恩，方得其艳丽；己感彼恩，方得其壮大。因为感恩，

才会有这个多彩的社会；因为感恩，才会有温暖的人间；因为感恩，才让我们懂得了生命的真谛。"滴水之恩，涌泉相报"，让我们常怀感恩之心，常为感恩之行。

《常怀感恩之心》的结尾：

山感地恩，方成其高峻；海感溪恩，方成其博大；天感鸟恩，方成其壮阔。感恩，使我们的社会更加和谐，使我们的生命更加灿烂。

本文的首尾都以"感恩"入句，中心突出，前后照应，深化了主题，且句式上都采用排比句，形成结构上的对称之美，给读者以深刻的印象。

【典例2】《直面时代嬗变，把握青年使命》的论证段：

（1）识变——面对时势波谲云诡，时代霄壤巨变，我辈当笃定信念，踏歌而行。

（2）应变——明者因时而变，知者随事而制。以变应变，挥戈仗剑，锐意进取。

（3）求变——主动出击，不拘泥成法，紧跟时代步伐，突破创新寻求时代变化。

《直面时代嬗变，把握青年使命》的结尾：

擘画蓝图襄盛世，奋楫扬帆启航程。直面时代嬗变，把握青年使命。斩浊浪，击长空，识变，我辈青年指点江山，风华正茂；踏南天，碎凌霄，应变，我辈青年奋斗自强，书生意气；披惊雷，傲骄阳，求变，我辈青年激扬文字，挥斥方遒。

这则结尾照应前文的论证段，紧扣"识变""应变""求变"逐层深入，一呼一应，前后圆合，使文章读来气韵流畅。

【即时训练3】请根据以下作文的标题、开头、分论点，补写出一段前后照应式的结尾。

标题：自信自省自胜，成就绚烂人生。

开头段：生逢盛世当欣逢盛世，作为新时代青年，既仰视立志，又俯视明史，同时平视而宁静致远，以此接过时代的接力棒，为人生而奋斗。三视青山，心远自得。以自得处人生，得平芜尽处之春山。

分论点①：相信自己，悦纳自己，人生方奔腾如浪，壮丽如霞。

分论点②：审视自己，省察自己，人生方舒卷如云，收放如歌。

分论点③：突破自己，超越自己，人生方拔节如竹，振翅如鹏。

结尾：_____

_____

_____

_____

（四）引用名言式

引用名言式通过引用名人名言、名人警句、诗句、俗语等作为文章的结尾，起到"立语言而居要"的效果，能增强论点的说服力和可信度。这种方式与引用名言作为开头有异曲同工之妙。

使用引用名言式结尾时，需要注意以下几点：

（1）选取合适的名言：所选取的名言应该与文章的主题或中心论点相关，能够起到呼应文章主题的作用。同时，名言应该具有权威性和可信度，能够让读者产生共鸣和认同感。

（2）对名言进行适当的引用：在引用名言时，需要注意准确性和恰当性，不能歪曲名言的意思，同时也要避免生硬地引用名言，让名言与文章的内容自然地衔接。

（3）对名言进行解释和深化：在引用名言的同时，也可以对名言进行解释和深化，让读者更好地理解名言的含义和背后的道理。

【典例1】《模仿与创新》的开头：

在人类文明的长河中，模仿与创新始终是推动社会进步的两大动力。诚如达·芬奇所言："最初的模仿，是走向创新的第一步。"然而，随着科技的迅猛发展，特别是人工智能的崛起，我们愈发意识到，单纯的模仿已无法满足时代的需求，唯有创新才能引领我们走向更加辉煌的未来。

《模仿与创新》的结尾：

毕加索说："模仿不是目的，而是一种手段，目的是找到自我，形成自己的风格。"模仿只是起点，创新才是终点。我们应以模仿为基，创新为魂，在模仿中学习，汲取前人的智慧与经验；同时更要在创新中超越，发挥自己的想象力与创造力，创造出属于自己的独特价值。如此，我们方能在时代的洪流中独领风骚，创造出属于自己的辉煌未来。

这则结尾引用毕加索的名言，紧紧围绕"模仿"阐述模仿只是一种手段，目的是为形成自己的风格这一观点，与开头提出的论点高度匹配，精准扣题的同时又增强了说服力。

【典例2】《乘风青云上，青春如扶桑》的结尾：

"激扬少年时，勤学修德，起于三寸之坎；无悔青春日，明辨笃实，以就万仞之深。"愿我们乘东风青云直上，愿我们的青春晔晔如扶桑，愿我们能在历尽千帆后，蘸着青春与奋斗的笔墨谱写出响彻华夏大地的壮丽史诗。

这则结尾处的引用出自《刘子·卷一·崇学》，意指凿井的人，从挖很浅的土坑开始，最后挖成万丈的深井。比喻要干成一件事情、成就有作为的人生，务必从基础做起，在起点上就扎实推进；只有点滴积累并持之以恒，才能达成目标愿望、实现人生理想。结尾处巧妙引用，语言富有表现力，也极具说服力。

【即时训练4】请给题为"拒绝'躺平'，砥砺前行"的作文写一段引用名言式的结尾。

拒绝"躺平"，砥砺前行

结尾：＿＿＿＿＿＿＿＿＿＿＿＿＿＿＿＿＿＿＿＿＿＿＿＿＿＿＿＿

＿＿＿＿＿＿＿＿＿＿＿＿＿＿＿＿＿＿＿＿＿＿＿＿＿＿＿＿＿＿＿

＿＿＿＿＿＿＿＿＿＿＿＿＿＿＿＿＿＿＿＿＿＿＿＿＿＿＿＿＿＿＿

＿＿＿＿＿＿＿＿＿＿＿＿＿＿＿＿＿＿＿＿＿＿＿＿＿＿＿＿＿＿＿

＿＿＿＿＿＿＿＿＿＿＿＿＿＿＿＿＿＿＿＿＿＿＿＿＿＿＿＿＿＿＿

（五）劝诫呼告式

劝诫呼告式通过引用名人名言、名人警句、诗句、俗语等作为文章的结尾，起到"立片言而居要"的效果，能增强论点的说服力和可信度。这种方式与引用名言作为开头有异曲同工之妙。

【典例1】《少年心事当拏云，谁念幽寒坐呜呃》的结尾：

长风破浪会有时，直挂云帆济沧海。18岁的你们，请谨记"少年心事当拏云，谁念幽寒坐呜呃"，与我们一道肩负起实现中华民族伟大复兴的责任吧！

这则结尾点题，总结升华，号召有力，引人深思。但要注意以这种形式来结尾时，一定要注意切忌空喊口号。

【典例2】《时代风云起 莫做袖手人》的结尾：

鼙鼓催征稳驭舟，勇毅笃行立潮头。壮志凌云击苍兕，踔厉奋发新征程。于高山之巅，方见大河奔涌，于群峰之上，更觉长风浩荡。驰隙流年，星移斗转，时代风云起，莫做袖手人，天高海阔新时代，我辈青年逐梦行，让我们共同迎接伟大复兴的旭日曙光。

这则结尾直接呼吁广大青年"莫做袖手人"，简洁有力，具有强大的感召力，能有效达到警示劝诫的目的。

【即时训练5】请根据以下作文的标题、开头段、论证段，补写出一段劝诫呼告式的结尾。

标题：坚守价值虽可贵，吾心归处是创新。

开头段：东海扬尘，陵谷沧桑。星霜荏苒，居诸不息。米筒对别人询问能否雕别的东西

笑而不答，"吾乡"木雕也是自始至终只雕蟹篓。这样之坚守虽为可贵，但也导致其收入的微薄，依吾刍荛之见：坚守价值虽可贵，吾心归处是创新。

论证段①："青松寒不落，碧海阔逾澄。"唯有敢于创新，方能在一潭死水中望见星河深深，追逐春色绵绵。

论证段②："海到无边天作岸，山登绝顶我为峰。"唯有善于创新方能驭心无惑，驭志无疆。山有扶苏，隰有荷华；苍山负雪，明烛天南；和光同尘，与时舒卷。

结尾：_____

_____

_____

_____

_____

自然收束式、归纳总结式、前后照应式、引用名言式、劝诫呼告式为高考议论文写作中五种常见的结尾方法，而在实际写作中，又会因这五种衍生出其他组合法，比如，"引用名言式+归纳总结式""归纳总结式+劝诫呼告式""引用名言式+劝诫呼告式"等，需要考生灵活组合，学以致用。

 真题回放

（1）（2023年广东省高职高考）阅读下面的材料，根据要求作文。

陕西工业职业技术学院的邢小颖，苦练技能，毕业时以专业综合排名第一的成绩被推荐到清华大学任教。进入清华后，她连续七年荣获清华大学基础工业训练中心实践教学特等奖和一等奖。她着力将专业领域"大国工匠"元素融入课堂，用"工匠精神"感染学生，让他们体悟中国从制造大国迈向制造强国的自豪。

上面材料引发了你怎样的感触与思考？请写一篇700字以上的文章。

要求：自选角度，自拟标题，自选文体（诗歌除外）；不要套作，不得抄袭。

【范文评析】

举工匠精神之旗，筑个人时代之梦

邢小颖作为一个高职生，逆袭进入最高学府清华大学当老师，并连续七年荣获清华大学基础工业训练中心实践教学特等奖和一等奖，还着力将专业领域大国工匠元素融入课堂，用"工匠精神"感染学生，让他们体悟中国从制造大国迈向制造强国的自豪。她对"工匠精

神"的坚守和传承值得敬佩!

何谓工匠精神?《庄子》以庖丁解牛、匠石运斤、老汉粘蝉等事例生动形象地阐述了古代工匠精神既是日复一日实践的积累,也是内心对道的追求。而如今,"干一行,爱一行,专一行,精一行"的铆工刘师傅,开发可降解吸管的楼先生等大国工匠从自己的角度出发,阐释了现代工匠精神。依我所见,工匠精神不仅是对完美的质量品质的坚守,更是陶冶性情、坚守自我的内在德行的体现。

坚守工匠精神,我们要精纯专一。正如"企业工匠"铆工刘师傅一般,一辈子只干一件事,干一行,爱一行,专一行,精一行。工匠精神正蕴含在专注之中,只有将自己的全部精力注入某个领域中,才能在这个领域发光发热。今年53岁的"大国工匠"高凤林,35年来,几乎都在做着同样一件事,即为火箭焊"心脏"——发动机喷管焊接。他用无数个日夜聚精会神的钻研,诠释了一个航天匠人对工匠精神的坚守和传承。纵观古今,在各行各业顶尖的学者,或许并没有出众的天赋,但他们将数不胜数的心血熔铸到工作中,从而刷新社会审美,扩充人类文明疆域,专心致志,方成硕果累累。

坚守工匠精神,我们要推陈出新。楼先生本认为在某个细分领域做到全球第一就是工匠精神,但后来他们开发可降解吸管,销量大涨,进一步认识了工匠精神的深层含义——创新。"唯创新者进,唯创新者强,唯创新者胜",创新是工匠精神的内涵,更是人类进步的源泉。正如李万君反复研究摸索,历史性地总结出环口焊接七步操作法,成功突破国外技术封锁,推动我国高铁不断领先领跑。只有扎根于创新的土壤,工匠精神才能不断更新,国家才能不断发展,成就时代的辉煌。

坚守工匠精神,我们要提升自我。稻盛和夫曾说过劳动的意义不仅在于追求业绩,更在于完善人的内心。在坚守工匠精神的过程中,人们的性情得到陶冶,心性得到磨炼,灵魂得到升华。中国非物质文化遗产京作硬木家具制作技艺传承人刘更生,修复了故宫博物院金丝楠鸾凤顶箱柜,使经典再现,传承于世。精湛的技艺背后是他日复一日的勤学苦练,刮刨子、下锯、凿孔,这些看似简单的动作,他重复练习了成千上万次,那微驼的臂膀便是最好的勋章。倘若没有发自肺腑的热爱,怎能有夜以继日的付出?倘若没有物我两忘的境界,怎能有巧夺天工的技艺?倘若没有格物致知的生命哲学,怎能修身养性,提升自我?没有一流的心性,就没有一流的技术。只有将工匠精神内化于心,外化于行,才能在这物欲横流的社会出淤泥而不染,濯清涟而不妖。

在这实现梦想的舞台无比广阔的时代,我们要以大国工匠为榜样,做追求卓越、品格高尚的新青年,积极投身于新时代中华民族伟大复兴的宏伟事业中,使工匠精神绽放异彩。

【评析】本文结尾为典型的劝诫呼告式,承接前文,呼吁广大青年要以大国工匠为榜样，做新青年，积极投身伟业。

（2）（2022年广东省高职高考）阅读下面的材料，根据要求作文。

在网络平台上，娱乐明星上传一张照片或发一条消息，立刻就会引来大量网友围观，关注度非常高。

近年来，科学家、医务工作者、大国工匠、人民子弟兵、快递小哥等在各行各业做出突出贡献的劳动者，也越来越受到关注和推崇。

对于以上现象，你有怎样的感触和思考？请写一篇不少于700字的文章。

要求：自选角度，立意自定，题目自拟，文体不限（诗歌除外）。

【范文评析】

摒弃"娱乐明星小鲜肉"，追寻时代真英雄

纵观古今，历史上有雷锋、黄继光、焦裕禄等英雄模范，我们追而学之；光鲜亮丽的影视明星，我们追而求之；而今的戍边战士舍生忘死保国守家，我们追而赞之。同学们追求偶像本无错，但关键在于我们该追什么样的偶像，怎样去追。像材料中提到"娱乐明星上传一张照片或发一条信息，就立刻引来围观"，这不应该成为我们推崇的偶像。吾辈应以理性头脑辨别偶像之高下，追寻真正的时代英雄偶像。

偶像应传播正能量，树立好榜样。

偶像是时代的风向标，是时代精神文明的缩影，更是我们追随的身影。但反观当下，多少"流量主播""人气明星"以自身的人气向粉丝宣传甚至传播一些负能量的事物。这不仅没有起到引领作用，反而会带坏很多未成年人。可见，偶像应发挥传播正能量的作用，以自身为模范影响教育他人。

如不分昼夜挖掘油田，献身祖国发展事业的王进喜；舍生忘死，守卫国家边疆的边防战士；感动中国人物中平凡普通却又不平凡的每一位英雄，他们都是真正的时代偶像，是中国的"领头羊"。因此，时代偶像应以榜样之态，引领社会。

青少年应理性追星，传播正能量。

近年来，未成年的学生为"打赏"自己喜欢的主播花光家中全部积蓄的新闻，可谓层出不穷。究其根本，是他们没有用理性的思维去追寻偶像。生活在一个健康的社会，我们应以理性的态度去追随偶像的脚步，发现其优点，学习其长处，发扬其精神。比如易烊千玺拍电影《长津湖》韧带断裂，为拍戏跪着爬到现场；从《送你一朵小红花》中被病魔缠身的韦一航到《少年的你》中重情义的小北，易烊千玺两次剃了光头，形象上的"牺牲"，凸显了他的敬业精神；冷水中拍戏被冻僵、摘下道具服满头大汗、录制节目《这，就是街舞》时持续高烧，但仍坚持通宵录制。对演艺事业的认真态度，让易烊千玺脱颖而出。易烊千玺

虽年龄尚小，但他兢兢业业，展现了新时代敬业、奋斗的男艺人形象。

国家应礼赞英雄，宣扬社会正气。

大制作电影《长津湖》热映，国家媒体一致好评，号召铭记历史，不忘英雄。长津湖一役，雄浑苍凉、动人心魄。冰雪冻住了战士们的躯体，却封不住他们不朽的军魂。纵使七十余年过去了，这场惨烈的、英勇的血战化作丰碑，愈加迸发出澎湃的力量。哪有什么岁月静好，只是有人替我们负重前行。崇尚时代英雄才会产生英雄，争做劳动英雄才能英雄辈出。永记长津湖的冰雪，永记冰雪里那最可爱的人和他们的不朽军魂。每年国家颁发"人民英雄""时代楷模""感动中国人物"奖章，就是要在全社会形成学习英雄献身祖国、报效中华精神之氛围。吾辈青年当树立正确的价值追求，以吾辈青年之力量，助力中华复兴，助力中华腾飞！

时代偶像是社会精神之向导，亦是我们追随之身影。吾辈应以理性之态度，跟随时代之楷模偶像，续写中华民族之精神，助力中国之腾飞！

【评析】本文结尾为典型的劝诫呼告式，以"吾辈应以理性之态度，跟随时代之楷模偶像，续写中华民族之精神，助力中国之腾飞！"收束全文，简短有力，振奋人心。

（3）（深圳市中等职业学校2024届调研考试）阅读下面的材料，根据要求作文。

刘羲檬，出生在黑龙江省肇源县的一个单亲家庭，母亲患有严重的类风湿病，瘫痪在床30年，生活无法自理。羲檬3岁开始就承担起照顾母亲的重担，洗衣、做饭、按摩、理发……什么活都干。考上大学后，她带着瘫痪母亲一起上学，利用课余时间勤工俭学，照顾母亲，但从不耽误学习，成绩一直名列前茅。她的故事感动了很多人，也因此获得了包括全国道德模范在内的很多荣誉。困苦磨难，没能阻挡刘羲檬前进的脚步。

田素坤，2008年入学滨州职业学院；2011年考入枣庄学院；2013年考入南华大学，读硕士研究生；2016年在南京航空航天大学读博士研究生，顺利获得博士学位，并开始博士后研究；2023年5月被聘为北京大学口腔医学院博士生导师。从一名高职学生到博士生导师，这是一个长达15年的追梦故事。回顾漫长而艰辛的求学历程，田素坤认为甘于吃苦、百折不挠的个性是支撑他追逐梦想、慨然前行的原动力。

你对以上二则材料有怎样的感触和思考？请写一篇不少于700字的文章。

要求：自选角度，立意自定，题目自拟，文体不限（诗歌除外）。

【范文评析】

霜打菜，别样甜

2024届工艺美术高三（14）班 吴满倩

霜打菜，是霜降后愈显甘美的时令珍馐。人生何尝不是如此？当寒霜浸透筋骨，当朔风磨砺意志，那些未曾倒下的生命终将在岁月里酿出回甘。刘润龙、赵卫红们的命运轨迹，"一带一路"的世纪长卷，都在诠释着这份霜打菜精神的真谛——愈淬炼，愈甘醇。

霜打筋骨，铸就铁血丹心

"凌晨四点的跑道知道我的倔强。"独臂跑者刘润龙将这句话镌刻在人生的里程碑上。少年时意外失去左臂，却让他的灵魂长出更坚韧的翅膀。七十六载春秋流转，他始终以单臂搏击命运，在天津马拉松四小时十六分的成绩单上，每一秒都凝结着冰霜淬炼的倔强。海河畔的晨雾里，他奔跑的身影刺破寒夜，用残缺的躯体诠释着完整的生命——真正的强者，从来不是未曾跌倒的人，而是含着砂砾也要微笑奔跑的勇者。

霜打热爱，绽放艺术芳华

菜市场的烟火深处，五十六岁的赵卫红在油盐酱醋间辟出一方艺术净土。幼年失落的画笔，在知天命之年重拾，菜筐边的速写本浸透了三十载人间烟火。当市声渐歇，她便与莫奈的睡莲对话，与梵高的星空共鸣。更难得的是，这位"卖菜画家"将画室搬进菜摊，免费教授贫寒学子，让艺术的种子在钢筋水泥间生根发芽。她以半生沧桑研磨颜料，终于绘出生命的甜——原来热爱从不会迟暮，它只会在岁月的窖藏中愈发醇厚。

霜打山河，淬炼大国风骨

四十米丝绸长宴蜿蜒如历史长河，从长安驼铃到中欧班列，两千年霜雪未曾冷却文明的温度。当各国旗帜在宴席间平等铺展，中国以茶代酒讲述着"和羹之美，在于合异"的东方智慧。这片经历过战火与贫瘠的土地最懂得：真正的强大不是凌霜傲雪，而是为他人撑伞的胸怀。"一带一路"的轨迹里，我们看见一个民族将苦难化作养料，在沧桑中孕育出甜润世界的文明果实。

霜打菜经冬犹绿，历雪更甜。古诗云"岁老根弥壮，阳骄叶更阴"，这何尝不是对生命最美的注解？当我们学会在寒霜里扎根，在逆境中生长，终会懂得——那些刺骨的凛冽，不过是岁月馈赠的糖霜。前路漫漫亦灿灿，且让我们怀揣这份霜打菜的赤诚，走向生命的春天。

【评析】 本文结尾为"引用名言式+劝诫呼告式"。"岁老根弥壮，阳骄叶更阴"名言引用贴切，紧加反诘，说服力倍增。结尾点题与呼告，使得全文形成首尾圆合之感，而呼告简洁有力，张力十足，"经冬犹绿，历雪更甜"道出了霜打菜的"精神内核"，启人深思，感

召人心。

 实战演练

（1）请根据以下作文的开头段、分论点，补写出一段归纳总结式的结尾。

开头段：

辛弃疾有诗云："我见青山多妩媚，料青山见我应如是。"我以仰视见青山，得清明高远；我以俯视见青山，得重晦深远；我以平视见青山，得明晦平远。见青山以得不同景，我心悠然自得。

分论点①：仰视可观清明高远，不坠青云之志；

分论点②：俯视可见重晦深远，以史为鉴明得失；

分论点③：平视可睹明暗相映，得春山于平芜尽处。

结尾：_____

_____

_____

_____

_____

（2）请根据以下作文的标题、开头段、论证段，补写出一段劝诫呼告式的结尾。

标题：赴青春之约，展凌云之志。

开头段：

时光煮雨，岁月缝花。凡属过往，皆为序章。陈独秀先生曾言："青春如初春，如朝日，如百卉之萌动，如利刃之新发于硎。"我辈青年志存高远、砥砺自我，不忘初心，奋楫笃行。莫忘少年凌云志，奋斗逐梦新时代。以生命之名，共赴青春之约。

论证段：

①赴青春之约，展凌云之志，我辈青年当心怀梦想，重塑自我。

②赴青春之约，展凌云之志，我辈青年当锐意进取，砥砺生命。

③赴青春之约，展凌云之志，我辈青年当心有责任，敢于担当。

结尾：_____

_____

_____

_____

（3）请根据以下作文的标题、开头段、论证段，补写出一段"引用名言式+前后照应式"的结尾。

标题：踏奋斗之路，绽理想之花。

开头段：

理想是石，擦出星星之火；理想是火，点亮引路之灯；理想是灯，照亮前行之路。列夫·托尔斯泰曾说："理想是指路明灯，没有理想就没有坚定的方向，没有方向就没有生活。"青年当高扬理想大旗，勇踏奋斗之路，绽放理想之花。

论证段：

①青年人首先应该树立好自己的理想。

②青年人应该为追求理想而坚持不懈。

③青年人应该为实现理想而不断奋斗。

结尾：_____

_____

_____

_____

_____

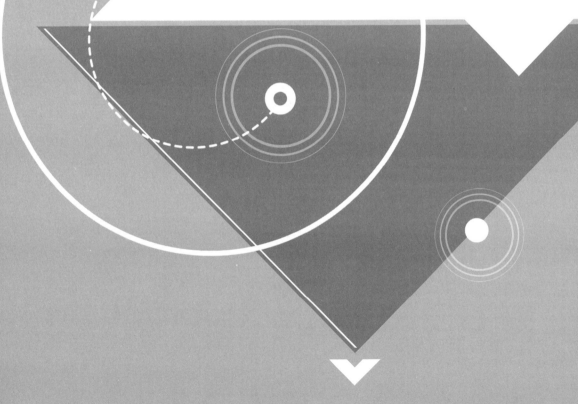

第二部分　素材篇

第七章 人物类素材

曹　操

一句话概括

治世之能臣，乱世之枭雄。

人物简介

曹操（155—220 年），字孟德，一名吉利，小字阿瞒，沛国谯县人，是中国东汉末年至三国时期最具影响力的政治家、军事家、文学家之一。他是三国中曹魏政权的缔造者，先为东汉大将军、丞相，后为魏王。其子曹丕称帝后，追尊为武皇帝，庙号太祖。

他统一北方，奠定魏国基业。曹操在东汉末年群雄割据的乱局中崛起，通过一系列军事和政治手段，先后击败袁绍、吕布、袁术、张绣等割据势力，统一了中国北方。这一成就为后来曹魏政权的建立奠定了基础，也稳定了北方社会秩序，促进了经济恢复。

公元 196 年，曹操迎汉献帝至许昌，以"奉天子以令不臣"为政治策略，合法化自身军事行动，同时削弱其他割据势力的政治号召力。这一策略极大提升了曹操的政治地位和影响力。

他改革制度，强化集权。他推行"唯才是举"，打破东汉以来门阀世族垄断仕途的局面，广泛吸纳寒门人才；改革东汉旧制，削弱三公权力，强化中央集权。推行屯田制，恢复农业生产，解决长期战乱导致的饥荒问题。

他精于兵法，注重兵法研究，为《孙子兵法》作注，提出"兵无常势，水无常形"的

灵活战术。他还建立了精锐部队（如虎豹骑），严格治军，强调"赏罚分明"。他南征北战，官渡之战以弱胜强击败袁绍，成为中国历史上以少胜多的经典战例。

曹操不仅善于用兵，还精通诗文，他与其子曹丕、曹植并称"三曹"，是"建安文学"的核心人物。他的诗歌慷慨悲凉，代表作《龟虽寿》《观沧海》等气势磅礴，抒发乱世情怀与政治抱负，开建安文学之先河，展现出独特的文学魅力。

人物评词

他是乱世中的枭雄，挟天子以令诸侯，一统北方；他是诗坛的巨匠，慷慨悲歌，开创建安风骨。他既有"老骥伏枥，志在千里"的雄心，也有"对酒当歌，人生几何"的感慨。

历史上对他的评价褒贬不一。唐代以前史书多肯定其政治军事才能，如陈寿《三国志》称其为"非常之人，超世之杰"；许劭评赞他为"治世之能臣，乱世之枭雄"。然而，因他"宁我负人，毋人负我"的权谋手段、屠城行为（如徐州之战）等，被部分史家批评为"奸雄"。

曹操的一生，是权谋与诗情的交织，是霸业与文采的辉映。他用人唯才，治世重农，虽背负"奸雄"之名，却为乱世带来了难得的秩序与繁荣。他以一己之力，开创了三国时代的风云变幻，也以文武双全的成就，成为后世敬仰的英雄人物。

适用主题

敢于担当、把握机遇、胸怀大志、谋略智慧、用人唯才、文武兼备、乱世英雄、文化传承、雄才大略。

苏　轼

一句话概括

仕途浮沉砺肝胆，诗酒放达铸文魂。

人物简介

苏轼（1037—1101年），字子瞻，号东坡居士，北宋文坛巨匠、政治家、思想家、书画家、美食家。他一生经历宦海沉浮，却以旷达超然的胸怀和卓越才华，在文学、艺术、政治、思想等领域留下深远影响，被誉为中国历史上罕见的"全才"。

二十岁中进士时，主考官欧阳修惊叹"老夫当避此人出一头地"，见到苏轼后，听其谈吐，不禁对他的豪迈、敢于创新极为欣赏，他断言："此人可谓善读书，善用书，他日文章必独步天下。"

他反对激进变法，主张渐进改革。虽与王安石变法派政见不合，但并非保守派。他批评

新法推行过急（如《上神宗皇帝书》），主张"结人心，厚风俗，存纪纲"，关注民生实际。

他每到一地治理，都能造福一方。他在杭州任上时，疏浚西湖，修筑苏堤，解决水患与灌溉问题，奠定"西湖十景"之基；建立中国最早的公立医院"安乐坊"；治理徐州时，抗洪救灾，筑堤护城，救数万百姓于洪水之中；被贬惠州和儋州时，推广农业技术、兴办教育，传播中原文化，被海南人尊为"文化启蒙者"。

他生性豁达，因文字惹祸，却能从劫难到升华。1079年4月，苏轼调任湖州，按例上《湖州谢上表》。御史台（故称"乌台"）指控其"愚弄朝廷""妄自尊大"，后被捕，押解至京，关入御史台监狱。在狱中时，多人为他在宋神宗前求情，神宗最后裁定：免死贬为黄州团练副使。贬谪黄州后，苏轼从儒家济世转向佛道超脱，写下《赤壁赋》《定风波》等旷世名篇，形成"旷达"人格。黄州时期成为他创作巅峰期，豪放词风成熟，"东坡"名号始于此。

他是一位通才，在诗、词、文、书、画方面都是开派的人物。他的诗和黄庭坚并称"苏黄"；他的词和辛弃疾并称"苏辛"；苏轼在词方面开了豪放一派。工书画，为一代大师，与黄庭坚、米芾、蔡襄并称"宋四家"，独创"石压蛤蟆体"，其《寒食帖》，被誉为"天下第三行书"，笔法浑厚洒脱，情感奔放。

三起三落的政治生涯中，他融合儒家济世、道家超脱、佛家空观，形成豁达通透的人生观。晚年遇赦北归时，仍笑言"问汝平生功业，黄州惠州儋州"，将毕生苦难淬炼成文化瑰宝。

人物评词

他是汴京城里万人追捧的文坛领袖，也是大宋版图上最孤独的流放客；是西湖堤岸治水安民的苏学士，也是赤壁江头扣舷而歌的谪仙人。林语堂说他"是月下漫步的诗人，是深谙烹调的美食家，更是悲天悯人的道德家"。三次被贬，九死南荒，却在竹杖芒鞋中走出"一蓑烟雨任平生"的旷达。其逆境中的乐观精神、对生活的热爱，至今被奉为治愈焦虑的良方。余秋雨评价："苏东坡成就了黄州，黄州也成就了苏东坡。"

他的笔墨浸透儒释道三家智慧，用《寒食帖》写尽人生况味，借《水调歌头》道破世间圆缺。从"西北望，射天狼"的豪情到"此心安处是吾乡"的彻悟，他的作品与人格共同构建了一个"诗意栖居"的精神世界，成为中华文化中"士人理想"的典范。九百年来，中国人的精神世界里始终飘荡着那袭不落的东坡襟袖。

苏轼是宋代文化巅峰的代表，其作品被历代推崇，清代王国维称"三代以下诗人，无过屈子、渊明、子美、子瞻者"。日本、韩国等汉文化圈视其为"东亚文脉的核心人物"。

适用主题

乐观豁达、逆境中的坚守、才华横溢、淡泊名利、人生智慧、风趣幽默、狂放不羁、坚

韧不拔、爱国忧民。

辛弃疾

一句话概括

铁马金戈梦未酬，词中豪气贯千秋。

人物简介

辛弃疾（1140—1207年），字幼安，号稼轩，南宋豪放派词人代表、爱国将领、军事战略家。他一生以"恢复中原"为志，虽壮志未酬，却在文学、军事、政治领域留下深刻印记，被誉为"词中之龙"。

他生于金国统治下的山东，年少时便立志抗金复国。21岁时，他曾率五十骑突入金军大营，生擒叛将张安国，震动朝野。

南归后，他多次上书朝廷，力主北伐，却因被主和派排挤而壮志难酬。他主张"坚守淮河、练民兵、屯田备战"，强调"无欲速""审先后"，反对冒进北伐。他建议南宋迁都建康（今南京），以地理优势控扼长江，未被朝廷采纳。任湖南安抚时，他创建"飞虎军"，打造精锐地方武装，威慑金兵，维持湖湘安定。任镇江知府期间，他备战前沿，修筑军事设施，招募士卒，却因朝廷主和派阻挠，终未得重用。

辛弃疾遭主和派打压，多次被弹劾罢官，将满腔热血倾注于词作。他与苏轼并称"苏辛"，将豪放词推向了新高度。他的词风雄浑悲壮，兼具英雄气概与深沉忧思，如《破阵子·为陈同甫赋壮词以寄之》中的"醉里挑灯看剑，梦回吹角连营"，抒写壮志难酬的悲愤；《永遇乐·京口北固亭怀古》中的"想当年，金戈铁马，气吞万里如虎"，借古讽今，痛陈南宋苟安之弊；《水龙吟·登建康赏心亭》中的"把吴钩看了，栏杆拍遍，无人会，登临意"，直击英雄孤独的苍凉心境。他用自己的笔触，记录下了时代的苦难与人民的呼声，为后世留下了宝贵的精神财富。

他晚年退居江西，仍心系家国，以词抒怀。他终身未忘收复中原，临终前仍高呼"杀贼"，其爱国精神成为中华民族气节的象征。他的一生，是对理想与信念的坚守，是对国家与民族的深情厚意。

人物评词

他是沙场上的猛将，金戈铁马，气吞万里如虎；他是词坛的巨匠，豪放悲壮，笔力千钧。

辛弃疾一生"以气节自负，以功业自许"，却终成"悲壮英雄"。他的词作是血泪与豪情的交响，他的军事谋略是未竟的理想，他的精神则是中华文化中"虽九死其犹未悔"的

永恒丰碑。正如其词所言："青山遮不住，毕竟东流去"——历史长河终将铭记这位文武双全的旷世奇才。

他是南宋词坛的巅峰，更是中国文人精神的象征。他现存词作600余首，数量为两宋词人之冠，辑为《稼轩长短句》。清代陈廷焯评："辛稼轩，词中之龙也，气魄极雄大，意境却极沉郁。"近代学者王国维评："南宋词人，白石有格而无情，剑南有气而乏韵，其堪与北宋人颉颃者，唯一幼安耳。"

他以不屈的脊梁，坚守着文化的灵魂，成为后世敬仰的楷模。

适用主题

爱国情怀、壮志难酬、文武双全、悲壮人生、不屈不挠、历史使命、抵御外侮。

范仲淹

一句话概括

先天下之忧而忧，后天下之乐而乐。

人物简介

范仲淹，字希文，祖籍邠州（今彬州），后移居苏州吴县（今苏州市吴中区），北宋时期的思想家、政治家、文学家，世称"范文正公"。

在政治上，他是改革先驱。范仲淹曾任多职，包括苏州知州、枢密副使、参知政事等。1043年，北宋积贫积弱，范仲淹提出"固邦本、厚民力、重名器"的改革理念，上疏《答手诏条陈十事》，提出十项改革纲领，内容涉及政治、经济、军事、教育、科举等各个方面和领域，是为"庆历新政"。新政实施的短短几个月间，政治局面已焕然一新，后因保守派反对，改革遂以失败告终。新政虽只实施一年，但开创了北宋改革先河，为王安石变法奠定了思想基础。

在地方任职时，他兴修水利，造福百姓。在泰州西溪担任盐官时，范仲淹主持重修捍海堰，不仅使当时人民的生活、耕种和产盐均有了保障，还在后世"捍患御灾"中发挥了重要作用，当地人民将所修之堤命名为"范公堤"，遗址迄今犹存；在杭州任上遇饥荒，他首创"以工代赈"，兴修公共工程缓解灾情。

在军事上，他在宋夏战争中，与韩琦共任陕西经略安抚招讨副使，采取"屯田久守"的方针，巩固了西北边防。他还提出了"积极防御"的守边方略，即在要害之地修筑城寨，加强防御工事，训练边塞军队，以达到以守为攻的目的，为北宋的边防安全做出了重要贡献。

在文学上，他的文学作品情感真挚，意境深远。其散文和诗歌，如《岳阳楼记》等，

不仅展示了他的文学才华，也表达了他对国家和民生的深切关怀。他倡导的"先天下之忧而忧，后天下之乐而乐"思想和仁人志士节操，对后世影响深远。

此外，他还兴办书院、推广官学、提携后进，继承和发展了儒家正统的教育思想，践行了积极入世、"以天下为己任"的儒家精神。

人物评词

范仲淹文武兼备、智谋过人，无论在朝主政、出帅戍边，均系国之安危、时之重望于一身。他一生忧国忧民，以天下为己任，他的思想和行为对后世产生了深远的影响。他的忠诚、勇敢和智慧，成为后人学习的楷模。

范仲淹以"立德、立功、立言"三不朽垂范后世，既是改革实干家，亦是文化精神的象征，堪称北宋士大夫的完美典范。朱熹誉其为"有史以来天地间第一流人物"。毛泽东评其"文武兼备、智勇双全"，推崇其改革精神。其忧乐观与改革思想至今被视为传统文化中的宝贵遗产。

适用主题

忧国忧民、改革图强、家国情怀、担当精神、文人风骨、先忧后乐、忧患意识、坚守初心。

柳宗元

一句话概括

贬谪生涯铸文魂，山水文章寄孤愤。

人物简介

柳宗元（773—819年），字子厚，中唐杰出的文学家、思想家、政治家，与韩愈并称"韩柳"，同为"唐宋八大家"之一。他一生虽仕途坎坷，但成就斐然，尤其在文学、哲学和政治实践领域影响深远。

他与韩愈共同倡导古文运动，反对骈文浮华，主张"文以明道"，推动散文回归质朴实用；他首创独立寓言文体，借短小故事讽喻时弊，如《三戒》（《临江之麋》《黔之驴》《永某氏之鼠》）揭露官场丑态，语言犀利，寓意深刻。他的《永州八记》（如《小石潭记》《钴鉧潭西小丘记》）以冷峭笔法描绘山水，融身世之悲于自然，开创中国山水散文的抒情传统。

他反天命，重人道，著《天说》《天对》，驳斥"天人感应"论，提出"天人不相预"，强调人事成败取决于人而非天意；他批判神学与迷信，倡导理性思辨，对后世无神论思想影

响深远。

805 年，柳宗元参与王叔文领导的"永贞革新"，主张打击宦官专权、削藩、减免赋税，虽因保守势力反扑失败，但其改革思想体现了中唐士人的救世抱负。他被贬柳州时，废除奴婢制度，解放因债务沦为奴婢者；兴办学校，推广儒学；凿井垦荒，改善民生。其治理使柳州"民业有经，公无负担"。

人物评词

柳宗元一生以"辅时及物"为志，虽命途多舛，却以冷峻之笔写尽热肠，以理性之光破除蒙昧。他的文学开创性、哲学批判性及政治实践，共同构建了中唐思想文化的高峰。

他的山水散文为后世游记范本，明代袁宏道、清代姚鼐等皆受其影响；寓言文体直接启发明清讽刺文学。

他诗风清峻孤寂，代表作《江雪》"千山鸟飞绝，万径人踪灭"以极简意象寄托傲岸人格，成为贬谪生涯中的孤独与坚守的文化符号，被誉为"唐人五绝最佳"。

章士钊评其"文冠八代，思破千年"，恰如其分地概括了他在中国文化史上的不朽地位。

适用主题

孤独与坚守、文人风骨、历史反思、社会批判、文以明道、唐宋八大家、批判精神、唯物论。

王安石

一句话概括

变法图强，以民为本，勇担重任。

人物简介

王安石（1021—1086 年），字介甫，号半山，北宋杰出的政治家、文学家、思想家和改革家，位列"唐宋八大家"之一。他以"天变不足畏，祖宗不足法，人言不足恤"的革新精神，主导了影响深远的"熙宁变法"，并在文学、哲学等领域留下了重要遗产。

1069 年，为富国强兵，缓解"三冗"危机，扭转北宋积贫积弱的局面，他提出并实施了包括均输法、青苗法、农田水利法、免役法、市易法、方田均税法等一系列新法，以"理财""整军"为中心，涉及政治、经济、军事、社会、文化各个方面，是中国古代史上继王莽新政之后又一次规模巨大的政治变革运动。这些变法措施在一定程度上改善了国家财政状况，促进了农业生产，增强了国家的军事力量，对北宋后期社会经济产生了深远的影

响。但因触动既得利益集团、执行偏差及政策的激进性，最终失败。他勇于担当，敢于直面时弊，提出并坚持自己的政治主张，即便在变法过程中遇到重重阻力和反对，也从未放弃。

在文学方面，他名列唐宋八大家之一，是"文以载道"的典范。他的政论文逻辑严密，语言简劲，代表作《答司马谏议书》以不足四百字驳斥司马光对变法的指责，被誉为"理足气盛，千古驳论之祖"；小品文如《游褒禅山记》借游山阐发治学与人生的哲理，体现了他"深思慎取"的治世态度。

此外，他重视教育的作用，认为教育是国家发展的根本，主张改革科举制度，废除诗赋词章取士的旧制，恢复以经义策论取士的新制，以培养更多具有实际才能的人才为国家服务。

人物评词

梁启超称其为"三代以下唯一完人"，列宁誉之为"11世纪中国伟大的改革家"。他以文人风骨挑战体制惰性，用思想锋芒照亮历史暗角。他是北宋的改革先锋，变法图强，富国强兵；他是文坛的巨匠，笔锋犀利，思想深邃。

王安石一生光明磊落，公私分明，对待同僚不计前嫌，真诚坦荡。他虽身居高位却淡泊名利，生活简朴，一生致力于国家富强和人民幸福的事业中，从未追求过个人的荣华富贵。

王安石的一生，改革与争议交织，理想与现实碰撞；王安石的一生是光辉而伟大的一生，他的成就不仅为北宋王朝的发展做出了巨大贡献，也为后世留下了宝贵的精神财富和文化遗产。

适用主题

改革创新、担当精神、以民为本、国家兴亡、变法图强、文以载道、敢为人先。

鲁　迅

一句话概括

横眉冷对千夫指，俯首甘为孺子牛。

人物简介

鲁迅（1881—1936年），原名周树人，字豫才，是中国现代文学奠基人、思想家、革命家，被誉为"民族魂"。他早年留学日本，后弃医从文，立志以文学唤醒国民。他以笔为剑，直面人性与社会黑暗，在文学创作、思想启蒙、文化批判等领域成就卓著，深刻影响了20世纪中国乃至东亚的精神世界。

他的小说被喻为"解剖国民性的手术刀"。《呐喊》与《彷徨》是中国现代短篇小说的

巅峰之作，收录《狂人日记》《阿 Q 正传》《药》《祝福》等名篇。其中，《狂人日记》是中国第一部现代白话小说，以"吃人"隐喻封建礼教的残酷本质；《阿 Q 正传》塑造了"精神胜利法"的典型形象，揭示国民劣根性，成为世界文学中的经典人物。

他的杂文闪露着投枪与匕首的锋芒。在《热风》《华盖集》《且介亭杂文》等作品中，他以杂文为武器，批判封建遗毒、军阀专制、文化保守主义及殖民压迫，语言凝练如刀，思想穿透时空。他将杂文提升为独立的文学体裁，兼具战斗性与艺术性，被誉为"鲁迅风"杂文的开创者。

鲁迅翻译了大量外国文学作品，如《钦差大臣》《死魂灵》等，为中国读者打开了了解世界先进思想文化的窗口。此外，鲁迅还在绘画、书法、篆刻、设计等多个艺术领域展现出非凡才华。例如，北大校徽就是由鲁迅设计的。

鲁迅是一位多才多艺的文学巨匠和思想先驱，他的成就不仅体现在文学创作上，还广泛涉及文学批评、思想研究、翻译、学术研究以及其他多个领域。他的作品和思想对中国现代文学和思想文化发展产生了深远影响。

人物评词

他是黑暗中的斗士，以笔为剑，刺破封建的迷雾；他是民族的脊梁，用文字唤醒沉睡的灵魂。鲁迅一生以"我以我血荐轩辕"的决绝，在黑暗的闸门中肩住时代的重负。他的成就不仅在于文学形式的革新，更在于以冷峻的笔触刺破虚伪、唤醒灵魂。他既是旧时代的送葬者，又是新文化的守夜人，其思想与文字如炬火般照亮中国现代化的漫漫长路。正如李欧梵所言："鲁迅的存在，使中国知识分子的良心永远无法安眠。"

他是超越时代的批判者。其名言"横眉冷对千夫指，俯首甘为孺子牛""世上本没有路，走的人多了，也便成了路"成为民族精神坐标。在日本、韩国等东亚国家被视为反殖民、反专制的文化偶像。他对权力、奴性、启蒙的思考仍直指当下社会病症，被誉为"永远的批判者"。

适用主题

文化觉醒、社会批判、文学担当、时代责任、精神引领、思想启蒙、弃医从文、针砭时弊。

袁隆平

一句话概括

禾下乘凉梦，稻香满人间。

人物简介

袁隆平（1930—2021年），江西省九江市德安县人，中国杂交水稻育种专家，中国共产党的亲密朋友，无党派人士的杰出代表，"共和国勋章"获得者，中国工程院院士，被誉为"世界杂交水稻之父"，也是老百姓心中亲切的"泥腿子专家"。

袁隆平1953年毕业于西南农学院（今西南大学），1964年开始研究杂交水稻，1973年成功培育出世界上第一个强优势籼型杂交水稻组合"南优2号"，使水稻单产比常规品种提高20%以上。1976年起，杂交水稻在中国大面积推广，大幅提升了粮食产量，为解决中国人的温饱问题奠定了基础。1995年，他被选为中国工程院院士。袁隆平一生致力于杂交水稻技术的研究、应用与推广，发明"三系法"籼型杂交水稻，成功研究出"两系法"杂交水稻，创建了超级杂交稻技术体系，为中国粮食安全、农业科学发展和世界粮食供给做出了杰出贡献。他先后获得"国家特等发明奖"、"首届最高科学技术奖"、联合国"科学奖"、"沃尔夫奖"、"世界粮食奖"等奖项。2021年5月22日13时07分，袁隆平因多器官功能衰竭，在湖南长沙逝世，享年91岁。

袁隆平团队还积极把杂交水稻推向全世界，他多次向非洲、东南亚国家免费提供杂交水稻种子和技术，并派遣专家团队指导种植。例如，帮助塞拉利昂建立杂交水稻试验基地，使其从粮食进口国逐步实现自给。此外，通过联合国粮农组织（FAO）和国际水稻研究所（IRRI），袁隆平团队为80多个国家培训了1.4万名农业技术人员，推动技术本土化。如今，全球种植面积超过800万公顷，每年增产粮食可多养活数千万人。

他多次强调："杂交水稻不仅属于中国，也属于全世界。"他的目标是让全球5亿公顷稻田中有一半种植杂交水稻，预计可多养活5亿人口。

袁隆平去世后，其团队继续推进"全球杂交水稻推广计划"，并与"一带一路"倡议结合，在肯尼亚、巴基斯坦等国建立联合实验室，延续他的全球粮食安全事业。

人物评词

他是稻田里的追梦人，用一粒种子改变世界；他是科学的巨匠，用一生心血解决粮食问题。他曾说，我有两个梦想，一是禾下乘凉梦，二是杂交水稻覆盖全球梦。他穷其一生，致力于杂交水稻技术研究，让世界数十亿人民摆脱了饥饿。

袁隆平通过技术创新、无私共享和跨国合作，将杂交水稻从中国田间推向世界，成为解决全球粮食短缺的"中国方案"。他的贡献超越了科学范畴，体现了"以科技造福人类"的崇高理想，为联合国"零饥饿"目标提供了切实路径。正如世界粮食奖基金会评价："他让世界看到了战胜饥饿的希望。"

中国科技评奖委员会评价他说："袁隆平是一位真正的耕耘者。当他还是一个乡村教师的时候，已经具有颠覆世界权威的胆识；当他名满天下的时候，却仍然只是专注于田畴。淡泊名利，一介农夫，播撒智慧，收获富足。"

"中国的禾下土里有您的汗水，世界的稻花香里有您的笑颜。将一生奉献于'让天下人都吃饱饭'的袁隆平院士，属于中国，也属于世界。"伊朗驻华大使馆说道。

他是中国科学家的典范，更是人类文明的贡献者。

适用主题

科学精神、奉献与追求、责任与担当、坚持实践、全球视野、求实创新、梦想与坚持、科学家精神、人类命运共同体、禾下乘凉梦、实事求是、绿色革命。

钟　扬

一句话概括

探秘高原，一颗种子铭初心；耕耘动土，万千桃李续火种。

人物简介

钟扬（1964—2017 年）是中国著名植物学家、教育家，复旦大学教授、博士生导师，被誉为"种子猎人""高原追梦人"。他以毕生精力投身生物多样性保护与科研教育事业，其事迹感动中国，获评"感动中国 2018 年度人物""时代楷模"等荣誉。

1979 年，15 岁的钟扬考入中科大少年班，在无线电专业学习。其间，他对植物学产生了浓厚的兴趣，因此转向用计算机技术研究植物学问题。1984 年，钟扬被分配到中国科学院武汉植物所工作，他用两年的业余时间，旁听了武汉大学生物系的课程。2000 年调入复旦大学当教授，第二年，钟扬就开始主动到西藏采集种子。他艰苦援藏 16 年，足迹遍布西藏最偏远、最艰苦的地区，为西部民族地区的人才培养、学科建设和科学研究做出了重要贡献。

他是高原上的"种子猎人"。在援藏的 16 年间，他们行程超 50 万公里，采集 1 000 余种植物、4 000 多万颗种子，填补了世界种质资源库中西藏种子的空白。这些种子为未来应对气候变化、生态修复提供了关键"基因密码"。

他带领团队守护生物的多样性。他提出"一个基因可以拯救一个国家，一粒种子能造福万千苍生"，推动西藏巨柏等濒危物种的保护。例如，历时 3 年完成西藏 3 万多棵巨柏的普查登记，为生态保护提供数据支撑。

他将教育援藏看作播种未来的"燃灯者"。作为援藏干部，他帮助西藏大学实现多项"零的突破"：首个国家自然科学基金项目、首个生态学硕士点和博士点、首支生物学教育部创新团队。他还培养了藏族首位植物学博士，为西部民族地区输送大量科技人才。

他以生命赴使命。长期高原工作导致他心脏每分钟仅跳动 40 余次，2015 年脑出血后仍瞒着家人重返西藏。2017 年 9 月 25 日，在内蒙古授课途中因车祸不幸逝世，年仅 53 岁。家

人遵其遗愿，将138万元车祸赔偿金捐出设立西部人才培养基金。

人物评词

钟扬的事迹被写入联合国教科文组织报告，西藏巨柏保护成果被印在马达加斯加货币上。

他的团队延续"全球种质资源计划"，在"一带一路"共建国家推广科研合作，践行他"让科学种子生根发芽"的遗志。

钟扬用生命在高原书写了科学与信仰的传奇。他说："人这一辈子，不在乎发了多少论文，留下来的是故事。""再难，总要有人去做。"他用行动诠释了科研工作者的家国情怀与奉献精神。正如《感动中国》颁奖词所言："超越海拔六千米，抵达植物生长的最高极限，跋涉十六年，把论文写满高原。倒下的时候双肩包里藏着你的初心、誓言和未了的心愿。你热爱的藏波罗花，不屑于雕梁画栋，只绽放在高山砾石之间。"

时任复旦大学副校长金力评："倘若用一个词来凝练钟扬的一生，应该是'追梦'二字，钟扬就是一个一生追梦的人。钟扬的追求里始终是人类、是国家，是科学、是教育。他的追求里有无数的别人，唯独没有他自己。"

他的故事不仅是科研与教育的丰碑，更是一座激励后人追求理想、奉献社会的精神灯塔。

适用主题

科学精神、奉献与追求、高原精神、科学家精神、教育家情怀、生命的意义、种子与希望、报国情怀。

屠呦呦

一句话概括

青蒿素里藏大爱，科学路上守初心。

人物简介

屠呦呦，1930年出生于浙江宁波，中国著名药学家，首位获得诺贝尔生理学或医学奖的中国本土科学家，因发现抗疟药物青蒿素而闻名世界，被誉为"拯救千万生命的药学家"。

她于1951年考入北京大学医学院（现北京大学医学部）药学系，毕业后进入中国中医研究院（现中国中医科学院）工作。

1969年，她临危受命担任"523项目"（国家抗疟药物研究任务）课题组组长，致力于

从中草药中寻找抗疟新药。1972年，她通过系统研究东晋葛洪《肘后备急方》中"青蒿一握，以水二升渍，绞取汁，尽服之"的记载，创新性地采用低温乙醚萃取法，成功从黄花蒿中提取出青蒿素。青蒿素对疟原虫具有快速杀灭作用，尤其对耐药性疟疾疗效显著，成为全球抗疟药物核心成分。

1981年10月，在北京召开的由世界卫生组织等主办的国际青蒿素会议上，屠呦呦以首席发言人的身份做《青蒿素的化学研究》的报告，获得高度评价，由此世界逐步熟悉和认可了青蒿素。其后，她继续深入研究，又首先发现双氢青蒿素，研制青蒿素类和吖啶类抗疟药组成的"复方双氢青蒿素"，扩展药效至免疫领域。2015年，屠呦呦凭借青蒿素获得2015年诺贝尔生理学或医学奖，这是中国科学家因为在中国本土进行的科学研究而首次获诺贝尔科学奖。

2019年，屠呦呦被授予中华人民共和国最高荣誉勋章——"共和国勋章"；2011年，获拉斯克临床医学研究奖；2020年，获联合国教科文组织"生命科学奖"。

屠呦呦发现青蒿素不仅是找到了一种抗疟新药，而且为寻找抗疟药开辟了一条新的途径，由此带动国际抗疟领域工作的新进展，也促使世界上很多国家对青蒿素展开进一步的研究，挽救了全球特别是发展中国家数百万人的生命。

人物评词

她是实验室里的追梦人，用青蒿素拯救生命；她是以身试药的神农，用生命赢取研究时间；她是科学的巨匠，用一生坚守诠释初心。正如2015年《感动中国》颁奖词说的："青蒿一握，水二升，浸渍了千多年，直到你出现。为了一个使命，执着于千百次实验。萃取出古老文化的精华，深深植入当代世界，帮人类渡过一劫。呦呦鹿鸣，食野之蒿。今有嘉宾，德音孔昭。"

她扎根传统医学、专注科研、淡泊名利、激励后辈，诺贝尔生理学或医学奖评委会秘书长沃尔本·林达勒评价她说："屠呦呦不论是从学术上还是生活上都是一个很了不起的人。作为获奖人，她的经历是独一无二的。"

北京大学评价她说："数十年如一日，屠呦呦从未改变过自己追求真理的底色。她或伏案古籍之间，或奔走田野之中，或守着实验室的夜……岁月镌刻着她在人类抗疟历史上留下的一笔一画。个人的命运与国家的发展相互交织、紧密联系，奏响了她人生的乐章，书写了她无私无悔的一生。"

适用主题

中医药研究、科学探索、拯救生命、国际荣誉、人类健康、责任与担当、生命的意义、诺贝尔奖、奉献与追求。

黄旭华

一句话概括

隐姓埋名数十载，深潜铸剑护国威。

人物简介

黄旭华（1926—2015 年），一个出生于广东汕头的普通少年，却怀揣着报效祖国的远大理想。年少时，他目睹了国家在战火中的苦难，立志要用科学改变国家的命运。大学期间，他选择了船舶制造专业，潜心学习，为日后的科研事业奠定了坚实基础。毕业后，他毅然投身于国家核潜艇研究事业，开始了与深海的不解之缘。

在核潜艇研究的道路上，黄旭华面临的是前所未有的挑战。他不仅要攻克复杂的技术难题，还要在极其保密的环境中默默工作。为了国家的安全，他隐姓埋名三十载，甚至未能与家人团聚。然而，他从未退缩，始终坚守在科研一线，用智慧和汗水推动着中国核潜艇事业的发展。他带领团队从零开始，突破重重技术难关，成功研制出中国第一艘核潜艇，为国家的海防事业立下了不朽功勋。

黄旭华深知，科学研究不仅仅是为了技术的突破，更是为了国家的尊严与安全。他积极参与国际技术交流，向世界展示中国科学家的智慧与实力。他还悉心培养年轻科研人才，传授自己的经验和知识，为国家的科技事业储备了宝贵的力量。

在黄旭华的带领下，中国核潜艇事业取得了举世瞩目的成就，赢得了国际社会的广泛赞誉。他先后荣获"国家最高科学技术奖""共和国勋章"等殊荣。然而，他始终保持着谦逊和低调，将荣誉归功于团队和国家的支持。

他的一生，是一部充满传奇色彩的科研史诗，他用自己的行动诠释了什么是真正的科学家精神。他用自己的隐忍与坚守守护着国家的安全，让我们看到了一个真正的国家脊梁的形象。

人物评词

黄旭华是隐姓埋名的科研巨匠，是国家的骄傲和民族的脊梁。他放弃了与家人团聚的机会，毅然投身于核潜艇研究事业。从青丝到白发，这位"核潜艇之父"，一干就是几十年，扎根于科研一线，将最宝贵的年华和智慧都奉献给了祖国的海防事业。时代到处是惊涛骇浪，他埋下头，甘心做沉默的砥柱；一穷二白的年代，他挺起胸，成为国家最大的财富。他的人生，正如深海中的潜艇，无声，但有无穷的力量。《感动中国》颁奖词说："隐姓埋名三十载，铸就国之重器；甘守寂寞一生，成就民族脊梁。他是中国核潜艇之父，用一生的坚守，书写了对祖国的忠诚。他的名字或许鲜为人知，但他的功绩将永远铭刻在中华民族的史

册上。黄旭华，以无声的奉献，奏响了时代的最强音。"黄旭华因其在中国核潜艇事业中的卓越贡献，于2019年9月17日被授予"共和国勋章"。其颁奖词说："他隐姓埋名数十载，为中国核潜艇事业做出卓越贡献。他用自己的智慧和奉献，铸就了国之重器，守护了国家安全。黄旭华，以无声的坚守，诠释了科学家的责任与担当，他的名字将永远铭刻在中华民族的史册上。"

适用主题

隐忍坚守、科学报国、无私奉献、勇攀科技高峰、淡泊名利、爱国情怀、艰苦奋斗、创新精神。

于　敏

一句话概括

在科学的征途上，于敏以智慧和勇气点亮了国家的未来。

人物简介

于敏（1926—2019年），一个在物理学领域里默默耕耘的科学家，他的名字与中国核武器的发展紧密相连。出生于普通家庭的他，自幼便展现出对科学的浓厚兴趣和非凡天赋。在清华大学求学期间，他深入钻研理论物理，为日后的科研工作打下了坚实的基础。毕业后，他投身于国家最需要的核武器研究领域，开始了漫长而艰辛的科研生涯。

在核武器研究的道路上，于敏面临的是前所未有的挑战和压力。他不仅要攻克复杂的技术难题，还要在极其艰苦的条件下进行实验和研究。然而，他从未放弃，始终坚守在科研一线，用智慧和汗水推动着中国核武器事业的发展。他带领团队不断突破技术瓶颈，成功研制出具有自主知识产权的核武器，为国家的安全和尊严立下了赫赫战功。

于敏深知，科学研究不仅仅是追求技术的突破，更重要的是为国家的繁荣和民族的复兴贡献力量。他积极参与国际学术交流，向世界展示中国科学家的智慧和实力。他还悉心培养年轻科研人才，传授自己的经验和知识，为国家的科技事业储备了宝贵的人才资源。

在于敏的带领下，中国核武器事业取得了举世瞩目的成就，赢得了国际社会的广泛赞誉。他先后荣获多项殊荣，包括"两弹一星功勋奖章""国家最高科学技术奖"等。然而，他始终保持着谦虚和低调，将荣誉归功于团队和国家的支持。

如今，于敏已经离开了我们，但他留下的科学精神和爱国情怀将永远激励着后人。他的一生，是一部充满传奇色彩的科研史诗，他用自己的行动诠释了什么是真正的科学家精神。他用自己的智慧和勇气点亮了国家的未来，让我们看到了一个真正的科学巨匠的形象。

人物评词

于敏是默默奉献的科研巨匠，是国家的骄傲和民族的脊梁。他放弃了国外优越的科研条件和生活待遇，毅然回到祖国投身于核武器研究事业。从青丝到白发，这位"氢弹之父"，一干就是几十年，扎根于科研一线，将最宝贵的年华和智慧都奉献给了祖国的科技事业。离乱中寻觅一张安静的书桌，未曾向洋已经砺就了锋锷。受命之日，寝不安席，当年吴钩，申城淬火，十月出塞，大器初成。一句嘱托，许下了一生；一声巨响，惊诧了世界；一个名字，荡涤了人心。《感动中国》颁奖词说："他用智慧点亮了国家的未来，他用一生守护了民族的尊严。于敏，以无声的奉献，铸就了国之重器，他的名字将永远铭刻在中华民族的史册上。"

于敏因其在中国氢弹研制和核武器事业中的卓越贡献，于2019年9月17日被授予"共和国勋章"。"共和国勋章"是中华人民共和国最高荣誉勋章，授予为国家和人民做出杰出贡献的个人。其颁奖词说："他隐姓埋名数十载，为中国氢弹事业做出卓越贡献。他用自己的智慧和奉献，铸就了国之重器，守护了国家安全。于敏，以无声的坚守，诠释了科学家的责任与担当，他的名字将永远铭刻在中华民族的史册上。"

适用主题

科学报国、无私奉献、勇攀科技高峰、坚守科研初心、淡泊名利、爱国情怀、艰苦奋斗、创新精神。

南仁东

一句话概括

用一生仰望星空，以"天眼"探索宇宙。

人物简介

南仁东（1945—2017年），一个出生于吉林辽源的普通少年，却怀揣着探索宇宙的远大梦想。年少时，他便对浩瀚星空充满了无尽的好奇与向往。大学期间，他选择了天体物理专业，潜心学习，为日后的科研事业奠定了坚实基础。毕业后，他毅然投身于国家天文事业，开始了与星空的不解之缘。

在"中国天眼"FAST工程的筹建过程中，南仁东面临的是前所未有的挑战。他不仅要攻克复杂的技术难题，还要在极其艰苦的环境中选址和建设。为了找到最适合建造射电望远镜的地点，他跋山涉水，走遍了贵州的深山老林，最终选定了大窝凼这片理想之地。他始终坚守在科研一线，用智慧和汗水推动着中国天文事业的发展。他带领团队从零开始，突破重

重技术难关，成功建成了世界上最大的单口径射电望远镜，为国家的天文事业立下了不朽功勋。

南仁东深知，科学研究不仅仅是为了技术的突破，更是为了人类的未来与梦想。他积极参与国际学术交流，向世界展示中国科学家的智慧与实力。他还悉心培养年轻科研人才，传授自己的经验和知识，为国家的科技事业储备了宝贵的力量。

在南仁东的带领下，中国天文事业取得了举世瞩目的成就，赢得了国际社会的广泛赞誉。他先后荣获"全国创新争先奖""时代楷模"等殊荣。然而，他始终保持着谦逊和低调，将荣誉归功于团队和国家的支持。

如今，南仁东已离开了我们，但他留下的科学精神和探索热情将永远激励着后人。他的一生，是一部充满传奇色彩的科研史诗，他用自己的行动诠释了什么是真正的科学家精神。他用自己的坚持与奉献守护着人类的星空梦想，让我们看到了一个真正的科学巨匠的形象。

人物评词

南仁东是默默奉献的科研巨匠，是国家的骄傲和民族的脊梁。他放弃了国外优越的科研条件和生活待遇，毅然回到祖国投身于天文事业。从青丝到白发，这位"天眼之父"，一干就是几十年，扎根于科研一线，将最宝贵的年华和智慧都奉献给了祖国的天文事业。二十年磨一剑，只为打造国之重器；半生心血，终成"天眼"探苍穹。他燃尽一生，打开了中国望向宇宙的窗口；他默默无闻，却让世界听到了中国的声音。《感动中国》颁奖词说："他用一生的坚守，点亮了宇宙的奥秘；他用无私的奉献，铸就了科学的丰碑。南仁东，以'中国天眼'为世界打开了一扇探索宇宙的新窗口，他的名字将永远铭刻在科学的史册上。"

适用主题

科学报国、无私奉献、勇攀科技高峰、坚守科研初心、淡泊名利、爱国情怀、艰苦奋斗、创新精神。

孙家栋

一句话概括

用一生托起星辰，以"北斗"点亮未来。

人物简介

孙家栋，一个出生于辽宁瓦房店的普通少年，却怀揣着探索宇宙的远大梦想。年少时，他便对浩瀚星空充满了无尽的好奇与向往。大学期间，他选择了航天工程专业，潜心学习，为日后的科研事业奠定了坚实基础。毕业后，他毅然投身于国家航天事业，开始了与星空的

不解之缘。

在中国航天事业的发展过程中，孙家栋面临的是前所未有的挑战。他不仅要攻克复杂的技术难题，还要在极其艰苦的环境中完成卫星研制和发射任务。作为中国第一颗人造卫星"东方红一号"的技术负责人，他带领团队从零开始，突破重重技术难关，成功地将中国的声音传向太空。此后，他又担任"北斗"导航系统的总设计师，为中国航天事业立下了不朽功勋。

孙家栋深知，科学研究不仅仅是为了技术的突破，更是为了国家的尊严与未来。他积极参与国际技术交流，向世界展示中国科学家的智慧与实力。他还悉心培养年轻科研人才，传授自己的经验和知识，为国家的航天事业储备了宝贵的力量。

在孙家栋的带领下，中国航天事业取得了举世瞩目的成就，赢得了国际社会的广泛赞誉。他先后荣获"两弹一星功勋奖章""国家最高科学技术奖"等殊荣。然而，他始终保持着谦逊和低调，将荣誉归功于团队和国家的支持。

如今，孙家栋已年过九旬，但他依然心系国家的航天事业，继续为国家的强盛贡献力量。他的一生，是一部充满传奇色彩的科研史诗，他用自己的行动诠释了什么是真正的科学家精神。他用自己的坚持与奉献守护着国家的航天梦想，让我们看到了一个真正的国家脊梁的形象。

人物评词

孙家栋是默默奉献的航天巨匠，是国家的骄傲和民族的脊梁。他放弃了国外优越的科研条件和生活待遇，毅然回到祖国投身于航天事业。从青丝到白发，这位"北斗之父"，一干就是几十年，扎根于科研一线，将最宝贵的年华和智慧都奉献给了祖国的航天事业。少年勤学，青年担纲，他是国家的栋梁。导弹、卫星、嫦娥、北斗，满天星斗璀璨，写下他的传奇。年过古稀未伏枥，犹向苍穹寄深情。《感动中国》颁奖词说："他让中国卫星闪耀太空，他用一生书写航天传奇。孙家栋，以智慧和汗水，托起中华民族的航天梦想，他的名字将永远镌刻在探索宇宙的征程中。"孙家栋因其在中国航天事业中的卓越贡献，于2019年9月17日被授予"共和国勋章"。其颁奖词说："他是中国航天事业的领航者，用智慧和汗水托起中华民族的航天梦想。孙家栋，以一生的坚守和奉献，推动了中国卫星、北斗导航和探月工程的辉煌成就，他的名字将永远铭刻在探索宇宙的征程中。"

适用主题

科学报国、无私奉献、勇攀科技高峰、坚守科研初心、淡泊名利、爱国情怀、艰苦奋斗、创新精神。

于　漪

一句话概括

用一生点燃教育的火种，以智慧照亮学生的未来。

人物简介

于漪，一个出生于江苏镇江的普通女子，却怀揣着对教育事业的无限热爱。年少时，她便在书籍中感受到知识的力量，立志成为一名教师，用教育改变更多人的命运。大学期间，她选择了师范专业，潜心学习，为日后的教育事业奠定了坚实基础。毕业后，她毅然投身于基础教育一线，开始了与讲台的不解之缘。

在教育的道路上，于漪面临的是繁重的教学任务和复杂的学生问题。她不仅要教授知识，还要关注学生的成长与心理健康。然而，她从未退缩，始终坚守在讲台上，用心呵护着每一个学生的梦想。她带领团队探索教育改革，创新教学方法，让课堂焕发出新的活力。

于漪深知，教育不仅仅是传授知识，更重要的是培养学生的品格与能力。她积极参与各类教育研讨活动，向同行分享自己的经验和理念。她还悉心培养年轻教师，向他们传授自己的教学智慧，为教育事业播撒希望的种子。

在于漪的带领下，她的学生不仅在学业上取得了优异成绩，更在人格上得到了全面发展。她先后荣获"全国优秀教师""全国教书育人楷模"等殊荣。然而，她对这些荣誉并不在意，她更看重的是学生的成长与未来。

如今，于漪已年过九旬，但依然心系教育事业，继续为教育改革贡献力量。她的一生，是一部充满传奇色彩的教育史诗，她用自己的行动诠释了什么是真正的教育精神。她用自己的智慧与热情守护着学生的未来，让我们看到了一个真正的教育家的形象。

人物评词

于漪是默默奉献的教育家，是学生的引路人和心灵的守护者。她放弃了安逸的生活，毅然投身于基础教育一线。从青丝到白发，这位"教育界的灯塔"，一干就是几十年，扎根于讲台，将最宝贵的年华和智慧都奉献给了教育事业。三尺讲台，是她耕耘的天地；一颗爱心，是她教育的灵魂。她用一生的坚守，点亮了无数学生的未来；她用智慧的火种，照亮了教育的明天。"《人民日报》评价："于漪是中国基础教育改革的先驱者，她用一生的坚守诠释了'人民教育家'的深刻内涵。她的教育思想和实践，为无数教师树立了榜样，为中国教育事业的发展做出了不可磨灭的贡献。"

适用主题

坚守初心、坚守使命、教育创新、甘于奉献、择一事终一生、青春有为、淡泊名利、吃

苦精神。

张桂梅

一句话概括

用一生点亮山区女孩的梦想，以坚守托起教育的希望。

人物简介

张桂梅，一个出生于黑龙江牡丹江的普通女子，却怀揣着对教育事业的无限热爱。年少时，她便深知知识改变命运的力量，立志成为一名教师，用教育改变更多人的命运。大学毕业后，她毅然选择前往云南山区，开始了与这片土地的不解之缘。

在云南山区，张桂梅面临的是极其艰苦的生活环境和繁重的教育工作。她不仅要忍受恶劣的气候条件，还要面对山区女孩失学的严峻问题。然而，她从未退缩，始终坚守在岗位上，用心呵护着每一个女孩的梦想。她带领团队创办了全国第一所全免费女子高中——华坪女子高级中学，让无数山区女孩重新燃起了对未来的希望。

张桂梅深知，教育不仅仅是传授知识，更重要的是改变命运。她积极参与各类公益活动，向世人展示山区教育的困境与希望。她还悉心培养年轻教师，传授自己的教育理念和经验，为山区教育的传承播撒希望的种子。

在张桂梅的带领下，华坪女子高级中学取得了显著成效，赢得了社会各界的广泛赞誉。她先后荣获"全国优秀教师""全国脱贫攻坚楷模"等殊荣。然而，她对这些荣誉并不在意，她更看重的是学生的成长与未来。

如今，张桂梅已年过六旬，但她依然坚守在山区教育的岗位上，继续为山区女孩的梦想奉献着自己的力量。她的一生，是一部充满传奇色彩的教育史诗，她用自己的行动诠释了什么是真正的教育精神。她用自己的坚守与奉献守护着山区女孩的未来，让我们看到了一个真正的教育家的形象。

人物评词

张桂梅是默默奉献的教育家，是山区女孩的引路人和希望的守护者。她放弃了安逸的生活，毅然投身于山区教育事业。从青丝到白发，这位"山区教育的灯塔"，一干就是几十年，扎根于山区，将最宝贵的年华和心血都奉献给了教育事业。《感动中国》颁奖词说："她用一生的坚守，点亮了无数贫困女孩的希望之光。张桂梅，以无私的奉献，托起了山区女孩的梦想，她的名字将永远铭刻在中国教育的史册上。"张桂梅因其在教育领域的无私奉献和卓越贡献，于2021年6月29日被授予"七一勋章"。"七一勋章"是中国共产党授予党员的最高荣誉，旨在表彰为党和人民做出杰出贡献的党员。"七一勋章"的颁奖词说：

"她扎根贫困山区40余年，创办全国第一所全免费女子高中，帮助1800多名贫困女孩圆梦大学。她以无私的奉献，点亮了山区女孩的希望之光，用一生的坚守诠释了共产党员的初心和使命。"

适用主题

坚守初心、坚守使命、教育创新、甘于奉献、择一事终一生、青春有为、淡泊名利、吃苦精神。

叶嘉莹

一句话概括

用一生守护诗词的火焰，以传承点亮文化的未来。

人物简介

叶嘉莹（1924—2024年），出生于北京书香门第，对古典诗词充满了无尽的热爱。年少时，她便在诗词中感受到中华文化的深厚底蕴，立志成为一名学者，用毕生精力传承和弘扬中华诗词文化。大学期间，她潜心研究古典文学，为日后的学术事业奠定了坚实基础。毕业后，她毅然投身于教育事业，开始了与诗词的不解之缘。

在古典诗词的研究与教学中，叶嘉莹面临的是繁重的学术任务和复杂的文化传承问题。她不仅要深入研究诗词的内涵，还要在教学中将古典文化的精髓传递给年轻一代。然而，她从未退缩，始终坚守在学术与教育一线，用心呵护着中华文化的瑰宝。她带领团队整理古籍、撰写著作，让那些尘封的诗词重新焕发出光彩。

叶嘉莹深知，传承文化不仅仅是研究古籍那么简单，更重要的是让文化活起来。她积极参与各类文化活动，向世人展示中华诗词的魅力和价值。她还悉心培养年轻学者，向他们传授自己的研究经验和学术智慧，为中华文化的传承播撒希望的种子。

在叶嘉莹的带领下，古典诗词的研究与传播取得了显著成效，赢得了社会各界的广泛赞誉。她先后荣获"中华诗词终身成就奖""感动中国年度人物"等殊荣。然而，她对这些荣誉并不在意，她更看重的是自己的责任和使命。

叶嘉莹一生坚守在学术与教育的岗位上，直到生命的最后一刻，始终为中华文化的传承倾注全部心血。她的一生，是一部波澜壮阔的文化史诗，她以毕生的坚守与奉献，诠释了什么是真正的文化守护者。她用自己的青春与热血，守护着中华文化的瑰宝，让我们看到了一个真正的文化传承者的崇高形象。她的生命与诗词融为一体，她的精神与中华文化交相辉映，成为一座永恒的丰碑，激励着后人继续前行。

人物评词

叶嘉莹是备受尊敬的文化学者，是享誉中外的诗词大家，却奉献了大半辈子的光阴守护着中华文化的瑰宝。人们亲切地称她为"诗词的女儿"。从青春到白发，这位"诗词的女儿"，一驻守就是几十年，扎根于古典诗词的研究与教育，将最宝贵的年华和心血都奉献给了中华文化的传承。桃李天下，传承一家。她发掘诗歌的秘密，人们感发于她的传奇。转蓬万里，情牵华夏，续易安灯火，得唐宋薪传，继静安绝学，贯中西文脉。她是诗词的女儿，更是风雅的先生。《感动中国》颁奖词说："她是诗词的女儿，她是中华文化的守护者。叶嘉莹，以一生的坚守，让古典诗词在当代焕发新生，她的名字将永远铭刻在中华文化的长河中。"

适用主题

坚守初心、坚守使命、传承文化、文化创新、甘于奉献、择一事终一生、青春有为、淡泊名利、吃苦精神。

樊锦诗

一句话概括

守住前辈的火，开辟明天的路。

人物简介

樊锦诗，一位来自江南水乡的温婉女子，却对遥远的敦煌充满了无尽的向往。年少时，她便在书中读到敦煌莫高窟的辉煌历史，那些精美的壁画、瑰丽的佛像让她心驰神往。大学毕业后，她毅然选择前往敦煌，开始了与这片土地的不解之缘。

在敦煌，樊锦诗面临的是艰苦的生活环境和繁重的修复工作。她不仅要忍受恶劣的气候条件，还要面对复杂的文物修复问题。然而，她从未退缩，始终坚守在岗位上，用心呵护着这些珍贵的文化遗产。她带领团队深入洞窟，逐一排查、修复，让那些历经沧桑的壁画重新焕发出光彩。

樊锦诗深知，保护敦煌文化不仅仅是修复文物那么简单，更重要的是传承和弘扬。她积极参与各类文化活动，向世人展示敦煌的魅力和价值。她还积极培养年轻人才，传授自己的经验和知识，为敦煌文化的传承播撒希望的种子。

在樊锦诗的带领下，敦煌莫高窟的修复工作取得了显著成效，赢得了社会各界的广泛赞誉。她先后荣获多项殊荣，包括"全国先进工作者""全国三八红旗手""文物保护杰出贡献者"等。然而，她对这些荣誉并不在意，她更看重的是自己的责任和使命。

如今，樊锦诗已经年过八旬，但她依然坚守在敦煌这片土地上，继续为这片土地和这片文化奉献着自己的力量。她的一生，是一部传奇的人生史诗，她用自己的行动诠释了什么是真正的奉献和担当。她用自己的青春和热血守护着敦煌这片土地和这片文化，让我们看到了一个真正的文化守护者的形象。

人物评词

樊锦诗是备受宠爱的江南闺秀，是才华卓越的北大高才生，却奉献了大半辈子的光阴守护着荒野大漠的七百三十五座洞窟。人们亲切地喊她"敦煌的女儿"。从青春到白发，这位"敦煌的女儿"，一驻守就是60年，扎根于大漠，将最宝贵的年华和心血都奉献给了敦煌莫高窟。《感动中国》颁奖词说："舍半生，给茫茫大漠。从未名湖到莫高窟，守住前辈的火，开辟明天的路。半个世纪的风沙，不是谁都经得起吹打。一腔爱，一洞画，一场文化苦旅，从青春到白发。心归处，是敦煌。"

适用主题

坚守初心、坚守使命、传承文化、文化创新、甘于奉献、择一事终一生、青春有为、淡泊名利、吃苦精神。

饺子（杨宇）

一句话概括

破传统桎梏以重塑神话筋骨，融东方美学而淬炼国漫精魂。

人物简介

饺子原名杨宇，1980年出生于四川泸州，毕业于四川大学华西药学院，是动画导演、编剧、制作人。他本有着药学专业背景，却因热爱动画跨界投身这一领域。

大学毕业后他入职广告公司，仅一年就辞职，以"饺子"为艺名，靠着母亲每月1000元退休金，做了"啃老族"，闭关三年八个月，创作出动画短片《打，打个大西瓜》。这部作品上线后斩获国内外27个专业大赛的30多个奖项，被评为"2009年华人最牛网络原创动画短片"。此后他成立工作室与公司，继续深耕动画。

2019年，筹备5年的《哪吒之魔童降世》上映，上映1.5小时票房破亿，最终票房超50亿元，位列中国影史票房第四。影片将哪吒塑造成"朋克"造型的"魔头"，讲述其逆天成长经历，斩获第33届中国电影金鸡奖最佳美术片等多项大奖，饺子也获第35届大众电影百花奖最佳编剧奖等荣誉。

2025年春节档，他自编自导的《哪吒之魔童闹海》定档上映，全球票房突破150亿元，在全球影史票房榜位居前十，饺子跻身"百亿票房导演"行列。他不仅手绘破亿海报致谢观众，还参与影片中鼠老大的配音。谈及后续，他表示《哪吒3》不会赶工，要把故事和画面做到极致。从默默无闻到票房神话，饺子用热爱与坚持，为中国动画开辟出一片新天地。

《哪吒》不仅在国内引发热潮，更在国际上展现了中国动画的潜力。杨宇用现代视角重构传统故事，赋予中国文化新的生命力，使其在全球语境中焕发新生，正如他所言："我们不仅要让国人骄傲，更要让世界看到中国文化的灵魂。"

人物评词

从蛰伏多年的无名之辈到国漫崛起的扛鼎之人，从非科班的草根创作到现象级的商业奇迹，他是用热爱熬煮时光的匠人，是将偏执淬炼成锋芒的勇者。他是笔触如刀的解构者，将神话人物的铠甲一片片剥落，让顽劣哪吒的魔性与神性在现代语境中重构；他是光影如诗的造梦者，用琉璃般的色彩与水墨般的留白，在三维空间里绘制出东方美学的新维度；他更是文化血脉的传承者，将传统文化的筋骨注入当代价值观，让传统神话在数字浪潮中重获新生。当敖丙的冰龙掠过苍穹，当哪吒的火尖枪划破宿命，饺子用每一帧画面诠释着：真正的艺术不是对经典的复刻，而是用创新的火种点燃沉睡的文化基因。在这个技术至上的时代，他始终保持着手工匠人的温度，让每一个角色都跳动着人性的脉搏。他以戏谑消解沉重，用叛逆重构秩序，让《哪吒》的风火轮不仅碾碎了陈规，更载着中国动画驶向星辰大海。

适用主题

亲情、理想信念、成长蜕变、质疑与偏见、传承与创新、团队合作、匠人精神、热爱坚守、文化输出、艰苦奋斗、初心使命。

李子柒

一句话概括

追传统之窈窕，成文化之新章。

人物简介

李子柒，曾用名李佳佳，1990年出生于四川省绵阳市，中国网络短视频创作者。

2015年，李子柒开始拍摄美食短视频；2016年11月，凭借短视频《兰州牛肉面》获得广泛关注；2017年，组建团队，并创立李子柒个人品牌；2019年8月，成为成都非遗推广大使；同年12月5日，YouTube平台粉丝数达到735万，在该平台上，她的每个视频的播放量都在500万以上；2021年7月14日，李子柒更新《柴米油盐酱醋茶》完结篇"井盐"之后，账号开始停更。

2024 年 11 月 12 日，停更三年的李子柒在社交平台发布了回归后的首则视频，迅速引爆网络。这则关于中国非物质文化遗产"漆器"制作的视频，展示了李子柒深入探索成都漆艺的全过程，她亲手为奶奶制作了一件绘有金色麒麟图案的漆器衣柜，寓意"紫气东来"、吉祥长寿。视频发布后，短短一小时内观看次数超过 1 400 万，微博热搜"爆"了，多个相关话题登上热搜榜。

李子柒的回归让网友们大呼满足，她随后又连续发布了多条视频，分享自己的漆艺学习过程和心得。在视频中，李子柒展现了惊人的毅力和吃苦耐劳的精神，她表示，学习漆艺的过程虽然经历了严重过敏等困难，但最终还是坚持了下来。

据李子柒透露，过去的三年里，她有了更多的时间休息和陪伴奶奶，同时也走访了 20 多个省市，拜访了 100 多位非遗传承人和文化工作者。她表示，这段时间的收获非常大，不仅学习了更多的技艺，还听到了很多手艺人的故事。

李子柒的回归不仅在国内引发了热议，也在海外产生了广泛影响。她的视频为全球观众提供了直观的文化体验，打破了文化隔阂，让不同语言和背景的观众在共鸣中感知中国文化的博大精深。网友们对李子柒的回归表示热烈欢迎，他们喜欢李子柒所呈现出来的平静生活和淡泊心态，向往她视频中远离喧嚣的生活本味。李子柒的回归不仅让网友们看到了她依然保持的独特风格和魅力，也让众网友更加期待她未来能够带来更多优秀的作品。

李子柒是传统文化短视频创作者，被誉为"东方美食生活家"，国外网友称其为"来自东方的神秘力量"，其视频为全球观众提供了直观的文化体验，不同文化背景的人们通过观看她的内容感受东方文化之美，从她的作品中学到的不只是技艺，更是中华文化的传承和深厚内涵。李子柒成为促进国际文化交流的重要力量，为传统文化走向世界开辟了新渠道，是中国传统文化走向世界的桥梁，她也成为中国文化的"世界级传播符号"。

人物评词

李子柒，她用竹编为笔，在晨露未晞的山岚间书写农耕文明的密码；她以灶台为砚，在柴米油盐的烟火气里研磨传统技艺的墨色。当都市人困在钢筋森林里向往"采菊东篱"，她用春种秋收的仪式感搭建起精神原乡；当文化输出遭遇刻板印象，她用养蚕缫丝的慢镜头破译东方美学的基因。她让蜀绣的针脚缝补现代性的裂痕，让活字印刷的墨香浸润数字时代的贫瘠，最终在 YouTube 的算法里构建起一座没有围墙的文化长城。《人民日报》评："没有热爱就成不了李子柒，没有热爱也看不懂李子柒。她的视频内容独具风格，让人耳目一新，满足了外国网友对中国的想象，堪称网络传播时代的中国'田园诗'。同时，李子柒的视频含有被外国网友广泛认同的情感需求和价值理念，满足了人们释放压力的心理需求。"

适用主题

深耕热爱、文化传承、匠心独运、回归、中国故事、宁静、文明网红、文化自信、直面逆境、坚守初心。

郎 平

一句话概括

一把传奇的"铁榔头"。

人物简介

郎平，1960年12月出生于中国天津市武清区，前中国女子排球运动员、奥运冠军、中国排球学院院长、中国排球协会副主席，中国女排原总教练。

她年少开始接触排球，通过刻苦训练脱颖而出，于1978年入选国家队。郎平凭借精湛的技术和坚强不屈的精神，协助中国队斩获世界女排世锦赛、世界杯、奥运会的"五连冠"。1981年，第三届女排世界杯，21岁的郎平以一记势大力沉的扣球震惊世界，"铁榔头"的威名从此响彻国际排坛。那个年代，中国女排五连冠的辉煌战绩，不仅是一支球队的胜利，更是一个民族的精神图腾。郎平用她的拼搏与汗水，诠释了什么是"女排精神"。

1995年，当中国女排陷入低谷时，郎平毅然放弃国外优渥的生活，回国执教。她带领年轻的女排姑娘们重整旗鼓，在亚特兰大奥运会上勇夺银牌。2013年，她再次临危受命，用专业与执着，将中国女排重新带回世界之巅。2016年里约奥运会，中国女排时隔12年再夺奥运金牌，郎平用实力证明了自己不仅是优秀的运动员，更是卓越的教练员。

郎平的伟大，不仅在于她创造的辉煌战绩，更在于她始终如一的爱国情怀与职业精神。她三次执教中国女排，每一次都是在球队最困难的时候挺身而出。她的执教理念既传承了老女排的拼搏精神，又融入了国际化的专业训练方法，开创了中国排球的新纪元。

从"铁榔头"到"郎指导"，郎平用四十年的坚守，诠释了什么是真正的体育精神。她的人生，早已超越了个人的成败得失，成为中国体育的一座精神丰碑。郎平的故事告诉我们，真正的传奇，不在于一时的辉煌，而在于永不言弃的坚持与担当。

人物评词

临危不乱，一锤定音，那是荡气回肠的一战！拦击困难、挫折和病痛，把拼搏精神如钉子般砸进人生。一回回倒地，一次次跃起，一记记扣杀，点燃几代青春，唤醒大国梦想。因排球而生，为荣誉而战。一把铁榔头，一个大传奇！

适用主题

女排精神、迎难而上、顽强拼搏、体育精神、坚持梦想、勇于担当、临危受命、榜样力量。

郭晶晶

一句话概括

从跳水女皇到跳水国际裁判长，让公平从自己的手下诞生。

人物简介

郭晶晶的运动生涯跨越 23 年，创造了世锦赛五连冠的辉煌纪录，用实力诠释了"跳水女皇"的真正含义。她，7 岁时开始在河北保定市练习跳水。1992 年，入选河北省跳水队，成为专业运动员。1993 年，入选中国国家跳水队。1996 年亚特兰大奥运会，年仅 15 岁的郭晶晶第一次登上奥运会舞台。2000 年悉尼奥运会，郭晶晶夺得女子单人三米板和女子双人三米板 2 枚银牌。2001 年 7 月，在日本福冈举行的第九届世界游泳锦标赛上，郭晶晶夺得女子单人三米板冠军，职业生涯首次登上世界冠军领奖台。2004 年雅典奥运会，郭晶晶包揽女子三米板单人和女子三米板双人两枚金牌，成为新一代的"跳水女皇"。

2008 年北京奥运会，郭晶晶成功卫冕女子单人三米板和女子双人三米板两枚金牌，至此以 4 枚金牌成为中国获得奥运会金牌第二多的选手，并成为自 1912 年夏季奥运会设立女子跳水项目以来第一位在该项目上获得 6 枚奖牌的女子运动员。2009 年 7 月 21 日，在罗马游泳世锦赛上，郭晶晶夺得女子单人三米板和女子双人三米板冠军，连续第五次在世锦赛上包揽了 3 米板单人、双人金牌，成为世锦赛双料五连冠第一人。据统计，在她的职业生涯中，共获得了包括奥运会、世锦赛、世界杯在内的 31 个世界冠军头衔，共斩获 95 枚国际赛事奖牌，包括 77 金 14 银 4 铜。这些数字不仅是对她个人能力的肯定，更是对她爱国情怀的最好诠释。她用自己的行动证明，每一个中国运动员都在用自己的方式，为祖国的荣誉而战。

郭晶晶的成功不仅源于天赋，更在于她超乎常人的毅力与专注。在训练中，她总是第一个到达，最后一个离开。即使面对视网膜脱落的严重伤病，她依然坚持训练，用顽强的意志克服重重困难。她的动作以稳定、优美著称，每一次起跳、翻转、入水都堪称教科书级别。

郭晶晶在她的职业生涯中克服了多次伤病，展现了不屈不挠的斗志和勇气，体现了运动员的顽强精神。退役后，郭晶晶不仅不断提升自己还积极参与公益活动，继续学习英语并考取了裁判证书，致力于慈善事业，关注儿童健康与教育，更是在 2024 年巴黎奥运会中担任跳水裁判长，用实际行动诠释着新时代女性的价值追求，用自己的影响力帮助社会，用自己的专业知识来更好地保障竞技体育的公平。

郭晶晶的传奇人生，不仅是一段体育佳话，更是一部励志教科书。她用 16 年的坚守与拼搏，诠释了什么是真正的体育精神。她的故事告诉我们，成功没有捷径，唯有脚踏实地，

才能在人生的跳板上跳出最完美的弧线。

人物评词

碧波之上，你是优雅的舞者；十米跳台，你是无畏的勇者。一次次起跳，一次次翻转，你用完美的弧线诠释力与美的交融。伤病缠身，你咬牙坚持；低谷徘徊，你永不言弃。四届奥运，四枚金牌，你用坚韧和执着，在跳水池中书写了一段属于自己的传奇。你是跳板上的精灵，更是人生的强者。从奥运冠军到公益使者，你始终以优雅的姿态，演绎着人生的精彩。郭晶晶，一个闪耀在碧波之上的名字，一个镌刻在中国体育史上的传奇！

适用主题

爱国、挑战自我、终身学习、社会责任感、热爱、坚持、为平等公正摇旗呐喊、坚韧与毅力、坚定信念、追求自我价值、坚韧不拔、自立自强、永不言败、公平公正。

马 龙

一句话概括

乒乓之神、六边形战士：只要心怀热爱，永远是当打之年。

人物简介

马龙，中国乒乓球运动员，是中国奥运代表团历史上第一位乒乓球旗手。他 1988 年 10 月 20 日出生于辽宁省鞍山市，从鞍山小马到国乒龙队。他是世界乒坛历史上首位集奥运会、世锦赛、世界杯、亚运会、亚锦赛、亚洲杯、巡回赛总决赛、全运会单打冠军于一身的"超级全满贯"男子选手，26 个世界冠军，"双圈"大满贯，首位亚锦赛男单三连冠，中国首位六金得主，被誉为"乒坛传奇"。

马龙 5 岁开始学习乒乓球，2003 年进入国家队。他的职业生涯充满了辉煌与荣耀。2016 年里约奥运会，马龙夺得男子单打和团体双料冠军，成为中国乒乓球队的领军人物。2020 年东京奥运会，他再次卫冕成功，成为历史上首位蝉联奥运会男单冠军的选手。他曾在三届奥运会上获得过五枚金牌，这一成就并列历史第一。他拥有 26 个世界冠军，成为世界乒坛史上拥有世界冠军头衔最多的选手。

马龙的技术全面，正手进攻犀利，反手防守稳健，战术意识出众。他的比赛风格稳健而不失锋芒，关键时刻总能展现出超强的心理素质。在赛场上，他始终保持着高度的专注与冷静，用实力诠释了什么是真正的"大心脏"。

除了卓越的运动成就，马龙还以谦逊低调的品格赢得了广泛赞誉。他始终保持着对乒乓球的热爱与执着，即使面对伤病与年龄的挑战，依然坚持在赛场上拼搏。他的职业精神与人

格魅力，使他成为中国体育界的楷模。马龙用二十多年的坚守与拼搏，诠释了什么是真正的体育精神。他的成功告诉我们，唯有不懈努力，才能在人生的赛场上创造属于自己的辉煌。

人物评词

球台之前，你是冷静的指挥官；方寸之间，你是无畏的斗士。一次次挥拍，一次次搏杀，你用精准的击球诠释速度与力量的完美结合。伤病困扰，你坚韧不拔；低谷徘徊，你永不言弃。两届奥运，四枚金牌，你用坚持和毅力，在乒乓球台上书写了一段属于自己的传奇。你是赛场上的王者，更是人生的强者。从乒坛霸主到团队领袖，你始终以沉稳的姿态，引领着中国乒乓球的辉煌。

适用主题

责任、青年奋斗、热爱与梦想、国家荣耀、个人成就、坚持不懈、积极向上、体育精神、坚定自我、自信自强、脚踏实地、锻炼与成长、突破自我、机遇与挑战并存、攻坚克难、理想信念、努力。

苏炳添

一句话概括

突破速度极限，定义亚洲新高度。

人物简介

苏炳添，中国短跑运动员，亚洲飞人，中国速度的代表。他出生于广东中山的一个普通家庭，从小就展现出对跑步的热爱和天赋。在田径赛场上，他凭借着顽强的毅力和不懈的努力，一次次突破自我，挑战极限。

2015年，苏炳添在国际田联钻石联赛尤金站以9秒99的成绩打破亚洲纪录，成为首位突破10秒大关的亚洲本土选手。这一战，让世界看到了"中国速度"。此后，他不断突破自我：2018年两度跑出9秒91，追平亚洲纪录；2021年东京奥运会，他以9秒83刷新亚洲百米纪录，成为首位闯入奥运会男子百米决赛的中国人，打破了黄种人难以突破10秒大关的魔咒，让世界看到了中国速度。这一壮举，不仅改写了中国田径史，更点燃了无数国人的热血与自豪。

苏炳添的成功绝非偶然。他科学训练，注重细节，甚至以"起跑脚更换"技术突破瓶颈；他扛住伤病压力，不断挑战自己的极限，在30岁后仍保持巅峰状态，打破"短跑运动员黄金年龄"的固有认知。他不仅是赛场上的"亚洲飞人"，更是中国田径的领军者，以行动激励年轻一代："年龄不是极限，信念才是答案。"

人物评词

从广东小镇到奥运决赛场，苏炳添用脚步丈量梦想的距离。他打破的不仅是纪录，更是黄种人"无法突破10秒"的偏见。人们称他"苏神"，因为他以凡人之躯挑战神迹。《感动中国》颁奖词写道："9秒83，冲出亚洲的速度。你超越伤病和年龄，超越了自己！"三十而立，他依然在跑道上逆风飞驰，用坚持诠释何为"老将不死"。从追光者到发光者，他让世界记住：中国红，可以闪耀在百米赛道的最前方！

适用主题

突破自我、挑战极限、坚持信念、梦想追求、民族自豪、逆袭成长、永不言弃、体育强国、榜样的力量。

江旻憓

一句话概括

剑道上的玫瑰，用坚韧书写东方剑客的传奇篇章。

人物简介

江旻憓，生于香港的击剑少女，自幼与剑结缘。11岁执起重剑，从此在剑道上挥洒热血。她并非出身体育世家，却凭借天赋与执着，从香港本土赛场一路闯向世界舞台。2013年，18岁的她首次代表中国香港出战国际赛事，便以凌厉攻势惊艳众人。

江旻憓的击剑生涯并非一帆风顺，甚至布满荆棘：训练资源有限、国际竞争激烈、伤病反复侵袭……但她从未退缩，她用剑尖刻画出无数个日夜的努力，用汗水铸就了通往成功的道路。2019年布达佩斯世锦赛，她历史性夺得女子重剑个人赛铜牌，成为首位站上世锦赛领奖台的中国香港剑手。2021年东京奥运会，她扛住压力闯入八强，创造香港击剑奥运最佳战绩。2023年杭州亚运会，她更是一剑封喉，为中国香港代表团摘下亚运史上首枚击剑金牌。2024年巴黎奥运会上，她终于圆梦，夺得女子重剑项目的冠军。

赛场外，她是剑桥大学法律系高才生，以"文武双全"打破运动员的刻板印象。训练间隙啃书本、写论文，她用行动证明：追求梦想无须舍弃多元人生。她既是剑道上的"东方玫瑰"，也是青年群体的精神偶像，她用每一次的出剑，书写着属于自己的传奇。她不仅在亚洲赛场上为香港争光，更在世界舞台上展现了中国击剑运动员的风采。

人物评词

从维港之畔到世界剑坛，江旻憓的剑，劈开的是桎梏，点亮的是星火。人们赞她"香港之光"，因她以一剑之力，改写了香港击剑的历史坐标。外媒称她"优雅的斗士"，因她

攻势如疾风，风骨若修竹。《南华早报》写道："她的剑尖上有香港精神——灵活、坚韧、永不言败。"十年磨一剑，她让紫荆花旗帜在领奖台上飘扬，更用学识与风度诠释：真正的冠军，既能征服赛场，亦能驾驭人生。

适用主题

突破局限、坚韧不拔、坚持热爱、逆境成长、女性力量、文体兼修、家国情怀、挑战自我、榜样引领、青春奋斗。

刘传健

一句话概括

危急时刻的英雄机长，用专业与担当在万米高空铸就英雄丰碑。

人物简介

刘传健，中国民航英雄机长，四川航空 3U8633 航班的机长。一个将"敬畏生命"刻入骨髓的蓝天卫士。2018 年 5 月 14 日，他驾驶的 3U8633 航班从重庆飞往拉萨，在 9 800 米高空突遇驾驶舱右前风挡玻璃爆裂脱落。瞬间，机舱失压、仪表失灵、气温骤降至零下 40 ℃，副驾驶半个身子被吸出窗外。在这生死攸关的时刻，刘传健以钢铁般的意志与死神博弈：缺氧环境下手动操作，凭借对飞行线路的熟悉和对飞机性能的精准把握，34 分钟极限备降，128 条生命全部生还，这一壮举被赞誉为"民航史上的奇迹"。这场被称为"史诗级迫降"的奇迹，让世界见证了中国民航人的专业与担当。

刘传健的专业素养和英雄事迹并非偶然。奇迹的背后，是刘传健二十年如一日的积淀。他曾是空军飞行员，退役后仍以军人标准锤炼飞行技术，模拟舱训练时长超同级飞行员 30%。他熟记青藏高原每一条航线参数，甚至能默画地形图。正是这份"把平凡做到极致"的执着，让他在绝境中迸发超凡力量。在成功处置险情后，刘传健被授予"中国民航英雄机长"称号，并被评为"感动中国 2018 年度人物"。然而，他并未因此而骄傲自满，他婉拒商业代言，继续坚守在飞行岗位上："我的职责在天上，不在聚光灯下。"

人物评词

刘传健是中国民航的英雄机长，是危急时刻的"定海神针"。他是电影《中国机长》原型，民航史上的"奇迹之手"。外媒惊叹："这是人类飞行史上的教科书案例！"《感动中国》颁奖词写道："仪表失灵，你越发清醒；乘客的心悬得越高，你肩上的责任越重。万米高空之上，你与死神擦肩而过。别问这是怎么做到的，每一个传奇背后，隐藏着坚守和执着。"刘传健用专业与冷静诠释了何为"敬畏职责"，他的故事让世人铭记：英雄，是平凡

人在危难中点亮的光。

适用主题

职业精神、临危不惧、平凡英雄、专业素养、责任担当、敬畏生命、坚守信念、厚积薄发、冷静应对、榜样力量、平凡中的伟大。

陈祥榕

一句话概括

清澈的爱，只为中国。

人物简介

陈祥榕，2001 年出生于福建宁德一个普通的农村家庭。他自幼懂事，勤奋好学，心怀报国之志。2019 年，年仅 18 岁的他毅然参军，成为中国人民解放军边防部队的一员，驻守在祖国西部边陲的喀喇昆仑高原。

喀喇昆仑高原气候恶劣，氧气稀薄，环境极其艰苦。然而，陈祥榕从未退缩，始终坚守在边防一线，与战友们一起巡逻、站岗，保卫着祖国的每一寸土地。2020 年 6 月，外军公然违背与我方达成的共识，悍然越线挑衅。陈祥榕和战友们奋不顾身，英勇战斗，用生命捍卫了国家主权和领土完整。在战斗中，陈祥榕壮烈牺牲，年仅 19 岁。

陈祥榕的英勇事迹感动了无数人。他生前写下的战斗口号"清澈的爱，只为中国"成为新时代青年爱国精神的象征。他用青春和生命诠释了什么是真正的忠诚与担当，展现了新时代中国军人的风采。

人物评词

陈祥榕是新时代的青年楷模，是祖国边防的忠诚卫士。他用 19 岁的青春年华，书写了"清澈的爱，只为中国"的壮丽篇章。他的一生短暂却光辉，他的精神永远激励着后人。正如《感动中国》颁奖词所说："青春热血，洒在喀喇昆仑；忠诚无畏，铸就钢铁长城。清澈的爱，只为祖国；年轻的生命，化作永恒的星辰。"

适用主题

爱国精神、忠诚担当、青春奉献、坚守使命、无畏牺牲、新时代青年。

江梦南

一句话概括

无声世界里的追梦人。

人物简介

江梦南，1992 年出生于湖南郴州，幼时因药物导致双耳失聪。然而，命运的打击并未让她屈服。在父母的悉心教导下，她通过唇语和自学，克服了常人难以想象的困难，一步步走进了有声世界。

江梦南从小成绩优异，凭借顽强的毅力和不懈的努力，考入了吉林大学，并顺利完成了本科和硕士学业。2018 年，她以优异的成绩考入清华大学，攻读博士学位，成为清华大学生命科学学院的博士生。

在学术研究之外，江梦南还积极参与公益活动，用自己的经历激励更多听障人士勇敢追梦。她曾说："我从不觉得自己是弱者，只要努力，听障人士一样可以活出精彩人生。"她的故事感动了无数人，成为新时代自强不息的典范。

人物评词

江梦南是无声世界里的追梦人，她用坚韧和毅力打破了命运的枷锁，书写了属于自己的传奇。从听障女孩到清华博士，她的人生是一部励志的史诗。正如《感动中国》颁奖词所说："无声的世界，阻挡不了追梦的脚步；残缺的身体，掩盖不了灵魂的光芒。她用坚韧和努力，谱写了生命的华章。"

适用主题

自强不息、追梦精神、坚韧毅力、励志人生、克服困难、公益奉献。

路生梅

一句话概括

扎根黄土高原的"赤脚医生"。

人物简介

路生梅，1944 年出生于北京，1968 年从北京医学院（今北京大学医学部）毕业后，响应国家号召，毅然来到陕西榆林佳县，成为一名乡村医生。这一待，就是 50 多年。

佳县地处黄土高原，条件艰苦，医疗资源匮乏。路生梅克服了种种困难，走遍了全县的每一个村庄，为无数贫困患者送去了健康和希望。她不仅治病救人，还积极推广卫生知识，帮助当地群众改善生活习惯，提高健康水平。

路生梅始终坚守在基层医疗一线，即使退休后，她依然坚持为患者服务。她用自己的实际行动诠释了"医者仁心"的真谛，成为当地群众心中的"健康守护神"。岁月如歌，窑洞见证了她的无私和坚韧，黄土地上留下了她的足迹与胆识，在挽救一条条生命、将自己全身心献给人民的过程中，路生梅找到了人生的无涯之境。2024 年，80 岁的路生梅被授予"人民医护工作者"国家荣誉称号。

人物评词

路生梅是黄土高原上的"赤脚医生"，她用 50 多年的坚守，诠释了什么是真正的医者仁心。从北京到佳县，从青春到白发，她的一生都在为贫困群众的健康奔波。正如《感动中国》颁奖词所说："五十载风雨，守护黄土高原；一颗仁心，温暖万千百姓。她是健康的守护者，是生命的摆渡人。"

适用主题

医者仁心、坚守基层、无私奉献、健康扶贫、扎根基层、服务群众。

黄文秀

一句话概括

用生命谱写扶贫赞歌。

人物简介

黄文秀，1989 年出生于广西百色，2016 年从北京师范大学硕士毕业后，毅然回到家乡，成为百色市乐业县新化镇百坭村的第一书记。她立志改变家乡的贫困面貌，带领村民脱贫致富。

在百坭村，黄文秀深入群众，了解村民需求，制订切实可行的扶贫计划。她带领村民发展特色产业，修建基础设施，改善生活环境。在她的努力下，百坭村的贫困发生率从 22.88% 降至 2.71%，实现了整村脱贫。

2019 年 6 月，黄文秀在返回驻村途中遭遇山洪，不幸因公殉职，年仅 30 岁。她用青春和生命谱写了一曲扶贫赞歌，成为新时代脱贫攻坚的楷模。

人物评词

黄文秀是新时代脱贫攻坚的杰出代表，她用青春和生命诠释了什么是真正的奉献与担

当。从北师大硕士到驻村书记，她的一生都在为贫困群众奔波。正如《感动中国》颁奖词所说："青春之花，绽放在扶贫路上；生命之火，照亮了脱贫梦想。她用短暂的一生，谱写了永恒的赞歌。"

适用主题

脱贫攻坚、青春奉献、担当使命、扎根基层、服务群众、无私奉献。

王计兵

一句话概括

外卖骑手，诗意人生的追梦人。

人物简介

王计兵，1980年出生于江苏徐州，是一名普通的外卖骑手，同时也是一位热爱诗歌创作的"外卖诗人"。他每天穿梭在城市的大街小巷，为顾客送去热腾腾的饭菜，却在繁忙的工作之余，用诗歌记录生活的点滴与感悟。

王计兵的诗歌灵感来源于他的送餐经历和对生活的观察。他的诗作朴实无华，却充满对生活的热爱与思考。2023年，他凭借一首《赶时间的人》走红网络，感动了无数网友。同年，他登上了央视春晚，成为全国瞩目的"外卖诗人"。

王计兵的故事展现了平凡生活中的诗意与梦想。他说："生活虽然忙碌，但诗歌让我找到了内心的宁静。我希望通过诗歌，让更多人看到普通人的光芒。"

人物评词

王计兵是平凡生活中的诗意追梦人，用诗歌记录生活的点滴，用行动诠释了什么是真正的热爱与坚持。从外卖骑手到春晚舞台，他一直在为梦想而奋斗。正如网友评价："他是赶时间的人，却用诗歌留住了时光。"

适用主题

平凡与伟大、诗意人生、追梦精神、热爱生活、坚持梦想、普通人光芒。

王亚平

一句话概括

中国首位太空漫步的女航天员。

人物简介

王亚平，1980 年出生于山东烟台，1997 年考入空军航空大学，成为中国首批女飞行员之一。2010 年，她入选中国第二批航天员，成为中国首位女航天员。

2013 年，王亚平执行"神舟十号"任务，成为中国首位太空授课的航天员。她在太空中的精彩表现，激发了无数青少年对科学的兴趣。2021 年，她再次执行"神舟十三号"任务，成为中国首位进行太空漫步的女航天员。

王亚平用自己的行动诠释了什么是真正的"巾帼不让须眉"。她说："太空是人类的共同家园，我希望通过自己的努力，为人类探索宇宙贡献力量。"

人物评词

王亚平是中国航天事业的杰出代表，她用行动诠释了什么是真正的"巾帼不让须眉"。从飞行员到航天员，她一直致力于为探索宇宙而奋斗。正如网友评价所言："专业，勇敢，心怀梦想，王亚平把女性力量带到宇宙、带到太空，以超凡的本领，勇闯苍穹、巡游天际，高标准圆满完成各项任务，刷新了中国人探索未知、挑战极限的高度。她自己，就是那颗最耀眼的星！"

适用主题

巾帼英雄、航天精神、科学探索、梦想追求、女性力量、奋斗精神。

桂海潮

一句话概括

中国航天员，逐梦星辰的探索者。

人物简介

桂海潮，1986 年出生于云南施甸，是中国航天员队伍中的一员。他自幼对航天充满向往，凭借优异的成绩考入北京航空航天大学，后进入中国航天员科研训练中心，成为一名航天员。

桂海潮经过多年的刻苦训练，掌握了航天飞行所需的各项技能。2023 年，他作为"神舟十六号"任务的航天员之一，执行了中国空间站的载人飞行任务。在太空中，他参与了多项科学实验和技术验证，为中国航天事业的发展做出了重要贡献。

桂海潮用自己的行动诠释了什么是真正的航天精神。他说："探索宇宙是人类共同的梦想，我希望通过自己的努力，为中国的航天事业贡献力量。"

人物评词

桂海潮是中国航天事业的杰出代表，他用行动诠释了什么是真正的航天精神。从北航学子到航天员，他一直在为探索宇宙的路上。正如"航空航天月桂奖"颁奖词所说："心怀宇宙，知行合一。飞上天宫探索奥秘，站上讲台播种希望。传承英雄无畏的勇气，书写空天报国的志向。"

适用主题

航天精神、探索未知、逐梦星辰、科技创新、奋斗精神、家国情怀。

任正非

一句话概括

中国科技创新的领军者。

人物简介

任正非，1944 年出生于贵州安顺，1987 年创立华为公司，带领华为从一家小企业成长为全球领先的通信技术公司。他始终坚持自主创新，推动华为在 5G、人工智能等领域取得了举世瞩目的成就。

任正非不仅是一位杰出的企业家，还是一位具有远见卓识的战略家。他提出了"以客户为中心，以奋斗者为本"的企业文化，激励着无数华为员工为实现梦想而奋斗。

任正非的事迹激励了无数人，他用自己的行动诠释了什么是真正的企业家精神。他说："创新是企业的灵魂，只有不断创新，才能在激烈的竞争中立于不败之地。"

人物评词

任正非是中国科技创新的领军者，他用行动诠释了什么是真正的企业家精神。从华为创始人到全球科技领袖，他的一生都在为科技创新而奋斗。《时代周刊》评论说，"任正非是一个为了观念而战斗的硬汉。"法国知名周刊《观点》评价任正非说，"这个人将改变历史"。《福布斯》表示，"任正非是一个很少出现在公众视野中的人物，却是国际上最受人尊敬的中国企业家"。

适用主题

企业家精神、科技创新、奋斗精神、自主创新、全球化视野、战略眼光。

雷　军

一句话概括

用互联网思维改变世界的科技先锋。

人物简介

雷军，1969 年出生于湖北仙桃，1991 年毕业于武汉大学计算机系，毕业后投身互联网行业，先后创办了金山软件、小米科技等知名企业。他带领小米从一家初创公司成长为全球领先的科技公司，推动了智能手机和智能硬件的普及。

雷军不仅是一位成功的企业家，还是一位具有互联网思维的创新者。他提出了"专注、极致、口碑、快"的互联网七字诀，推动了小米的快速发展。他还积极推动中国制造业的转型升级，为中国科技产业的发展做出了重要贡献。

雷军认为：无论是传统产业的转型升级，还是培育壮大新兴产业，都离不开科技创新。小米已经连续 18 个季度全球排名第三，过去五年小米投入研发已经达到 1 050 亿元。小米汽车从底层核心技术做起，十倍投入认认真真造好一辆车。2024 年共用 9 个月的时间小米 SU7 就交付 13.5 万辆，创造了汽车领域一个小小的奇迹。小米自研的几项技术也取得了令人瞩目的成果，比如，小米超级电机 V8S。小米近几年在科技领域的自研技术越来越多，包括亮相 MWC（世界移动通信大会）的小米光学影像系统、小米金沙江电池、小米龙晶玻璃等。小米取得这些成绩的背后都离不开科技创新、离不开对核心技术的突破。

雷军的事迹激励了无数人，他用自己的行动诠释了什么是真正的创新精神。他说："互联网思维的核心是用户至上，只有真正为用户创造价值，企业才能走得更远。"

人物评词

雷军是互联网时代的科技先锋，他用行动诠释了什么是真正的创新精神。从金山软件到小米科技，他一直致力于为科技创新而奋斗。正如《人民日报》报道中所说："雷军是中国科技行业的创新先锋，他带领小米从零起步，用互联网思维颠覆了传统制造业，开创了智能手机的新时代。"

适用主题

创新精神、互联网思维、科技创业、用户至上、制造业转型、全球化视野。

梁文锋

一句话概括

DeepSeek 创始人，AI 领域的创新先锋。

人物简介

梁文锋，1980 年出生于广东广州，毕业于清华大学计算机系，是中国人工智能领域的杰出代表。他早年曾在多家知名科技公司任职，积累了丰富的技术和管理经验。2015 年，他创立了 DeepSeek（深度求索）公司，专注于人工智能技术的研发与应用。

在梁文锋的带领下，DeepSeek 迅速成长为国内领先的 AI 企业，其核心技术涵盖自然语言处理、计算机视觉、机器学习等领域。DeepSeek 的产品和服务广泛应用于金融、医疗、教育等行业，推动了人工智能技术的产业化发展。

梁文锋不仅是一位成功的企业家，还是一位具有远见卓识的技术专家。他始终坚持以技术创新为核心，致力于推动中国人工智能产业的全球化发展。他说："人工智能是未来的发展方向，我希望通过自己的努力，为人类社会的进步贡献力量。"

人物评词

梁文锋是人工智能领域的创新先锋，他用行动诠释了什么是真正的科技精神。从清华学子到 DeepSeek 创始人，他一直致力于为技术创新而奋斗。正如《第一财经》所评价的："梁文锋是 AI 生态的构建者，他通过 DeepSeek 的平台和技术，推动了 AI 产业链的协同发展，为行业创造了更多可能性。"

适用主题

科技创新、人工智能、创业精神、技术驱动、全球化视野、未来科技。

王兴兴

一句话概括

不为世俗标准所困，以科技为剑劈开未知疆域。

人物简介

王兴兴出生于浙江宁波，自幼对机械和电子技术表现出浓厚兴趣，尤其痴迷于机器人领域。他本科就读于浙江理工大学机电专业，其间参与机器人相关科研项目，奠定了技术基

础；硕士阶段在上海大学继续深造，研究方向为仿生机器人控制算法，其间发表了多篇学术论文。

2016 年，王兴兴在硕士毕业前研发出首款低成本高性能的四足机器人原型（后命名为"Laikago"），该产品以波士顿动力机器人为灵感，但成本大幅降低。他意识到四足机器人的商业化潜力，决定放弃传统职业路径，于 2017 年正式创立宇树科技，专注于消费级和行业级四足机器人的研发。

2017 年推出首款商业化四足机器人"Laikago"，因其灵活性和性价比引发行业关注。2020 年发布新一代产品"Unitree A1"，主打轻量化与高动态性能，成为全球首个大规模量产的消费级四足机器人。2021 年推出 Unitree Gol，搭载 AI 交互功能，通过"伴随式运动"技术实现与人类的自然互动，迅速成为现象级产品。公司多次获得红杉资本、经纬创投等顶级机构投资，估值超 10 亿美元，成为全球四足机器人领域的领军企业。

王兴兴主导开发了开源机器人生态，降低开发者使用门槛，推动行业技术进步。宇树机器人被广泛应用于教育科研、安防巡检、影视拍摄、娱乐互动等领域，甚至登上 2025 年央视春晚舞台。他提出"让机器人走进普通人生活"的愿景，推动四足机器人从实验室走向大众市场。

人物评词

"90 后"创业者王兴兴，让中国四足机器人跃进世界第一梯队。在大学实验室攻克电机驱动难题后，他带着"让机器人走进生活"的梦想创立宇树科技，用独创的直驱关节模组打破波士顿动力技术垄断，将机器狗成本降至 1/10。Unitree Go1 在 CES（国际消费类电子产品展览会）引发轰动，B1 机器人在消防演练中负重前行，这位青年创客正用"中国速度"改写机器人产业规则。

从手工少年到科技领航者，王兴兴用机械语言诠释中国智造精神。他证明：真正的创新从不为世俗标准所困，以科技为剑劈开未知疆域，用赤子之心铸就民族脊梁，正是新时代青年报国的最佳注脚。

适用主题

传承创新、坚韧不拔、精益求精、勇于担当、务实进取、专注执着、青年榜样。

薛其坤

一句话概括

接续科学薪火，开拓量子新程。

人物简介

薛其坤，实验物理学家，1963年12月出生，山东蒙阴人，先后在中国科学院物理研究所、清华大学、南方科技大学工作。2024年，61岁的薛其坤获得国家最高科学技术奖，成为该奖项历史上最年轻的得主。但他一如既往地谦虚低调，称自己为"一艘从沂蒙山区驶出的小船"。

1980年，他从老家山东沂蒙山区，考入山东大学光学系激光专业。在获得中国科学院院士、清华大学教授等一长串头衔之前，薛其坤的脚步很"慢"——"有志于成为科学家"的他，考研3次才"上岸"，进入中国科学院物理研究所；读博7年，5年间没有得出一套能够支撑论文的数据。1992年，薛其坤前往日本攻读博士学位。在那里，他继续保持"7-11"工作习惯，即早上7点到实验室，晚上11点离开，"每天就是三件事，吃饭、睡觉、搞科研"。终于在一年半后，实现了研究上的重大突破。1998年，35岁的薛其坤，怀揣为国家效力的信念回国投身科研事业。2009年，他带领团队对量子反常霍尔效应进行实验攻关，进入"没有赛道的竞技场"。2012年年底，在制备测试1 000余个样品、过一道道难关后，他的团队在世界范围内首次成功观测到该效应，这一成果震惊了国际学术界。"转头回望来时路，轻舟已过万重山。"如今，这艘"从沂蒙山区驶出的小船"，已成为在科学海洋里驰骋的"巨舰"，在潮头浪尖领航。

人物评词

薛其坤是沂蒙山走出的农家子弟，是屡败屡战的物理追光者，却以四十年如一日的坚韧攀上了量子世界的科学险峰。人们赞叹他是"奔跑在时间前面的人"。从青涩学子到两院院士，这位"量子领航人"，在微观世界的迷宫跋涉半生，将最璀璨的智慧与热忱倾注于拓扑量子物理的旷野。三十载寒暑，实验室的灯光见证他三战考研的执着、七年攻博的坚守；十万里征程，国际学术峰会上跃动着中国科学强音。他带领团队在0.1开尔文的极寒中捕捉量子世界的灵光，用"7-11"工作制打磨出诺奖级成果。他以山东汉子的倔强，在原子尺度书写着属于东方的科学传奇。心之所向，即是星辰大海的量子蓝图；情之所系，终成照亮未来的科学之光。

适用主题

科学探索、执着坚守、勇于挑战、甘于寂寞、直面困境、奉献精神、家国情怀。

颜 宁

一句话概括

真正的科学家只关心三件事：发现、创造、传承。

人物简介

颜宁，1977 年出生于山东章丘，博士研究生毕业于普林斯顿大学，中国结构生物学家，中国科学院院士，现任深圳医学科学院院长、深圳湾实验室主任。

1996 年颜宁以优异的成绩顺利考入清华大学生物科学与技术系。本科毕业后，颜宁继续前往美国普林斯顿大学攻读分子生物学博士学位，全身心投入膜转运蛋白的研究领域。在博士就读期间，颜宁在膜转运蛋白研究领域取得了一系列重要突破，多篇极具分量的高质量论文相继发表在国际顶尖学术期刊上，引起了学界的广泛关注。顺利完成博士学业后，颜宁选择继续留在普林斯顿大学进行博士后研究工作。

2007 年，颜宁毅然决定回到母校清华大学，组建自己的实验室。在实验室里，她带领团队成员日夜奋战，专注于攻克膜转运蛋白研究领域的难题。经过多年的奋勉努力，她的团队取得了一系列重大突破。2014 年，颜宁率领团队解析了人源葡萄糖转运蛋白 GLUT1 的三维晶体结构，这一成果震惊了世界，为糖尿病等疾病的治疗提供了重要的理论基础，极大地推动了中国在生命科学领域的科研事业发展，也让中国在国际科研舞台上绽放光彩。

在"世界杰出女科学家奖"的领奖台上，颜宁身着简约服饰，脚蹬平底鞋，从容自信地站在聚光灯下，目光坚定地向台下观众深情寄语："要勇敢，要做你自己。"这句简短有力的话语，如同一束光。颜宁凭借自身的才华、不懈的努力与对科学的热爱，在科研领域脱颖而出，鼓舞着无数人不惧艰难，勇敢追梦。

人物评词

在实验室，颜宁是捕捉分子结构的猎手，将冷冰冰的数据变成治愈疾病的希望；在公众视野，颜宁是撕掉性别标签的斗士，证明女性无须在"家庭"与"事业"间权衡取舍；在人生选择上，颜宁是自由的信徒，用单身、平底鞋和微博科普，书写另一种成功范本。颜宁不仅科研成就显著，还以其独特的教育理念和女性科学家的身份鼓励了无数年轻人，尤其是女性，追求科学梦想。在科学的浩瀚星海中，她如同一颗耀眼的星星，以其坚韧不拔的精神和无比的热情，照亮了我们前行的道路。

适用主题

科技创新、执着探索、家国情怀、潜心积累、巾帼力量、勇敢追梦。

埃文·凯尔

一句话概括

以影像守护历史真相，用行动呼唤人类和平。

人物简介

埃文·凯尔是美国一个典当行的老板。2022 年，他收到一本"二战"时期的相册，里面记录了大量珍贵的历史影像。尽管面临巨大压力，他仍坚守良知，积极联系相关机构，主动利用社交媒体发声，最后将相册无偿捐赠给中国，希望这些珍贵的历史资料能被妥善保存并用于教育。领事馆在回赠信件中说："以史为鉴，你的捐赠将激励世人，以善良之心捍卫和平。"2024 年 11 月，他如愿开启中国行，实地感受中国发展的日新月异。他的行动不仅是对历史的守护，更是对人类良知与和平信念的传承，展现了跨越国界的人性光辉与正义力量。

2024 年首次访华期间，埃文·凯尔走访北京、南京等地，体验长城、故宫等文化地标，并惊叹于中国高铁的先进与城市的整洁。他创建文化工作室，以文化为媒介促进两国人民互相理解，强调"和平的关键是沟通"。2025 年春晚，他作为国际友人受邀亮相，并称"中国已成为我的第二故乡"。晚会现场，撒贝宁以"国礼瓷"象征他在中国的 14 亿朋友，而他本人则通过分享火锅体验、移动支付等生活细节，向世界展示真实的中国。这种双向的文化传递，既打破刻板印象，也为民间友好注入新活力。

埃文·凯尔的成长轨迹体现了开放与反思的特质。他坦言，最初对中国的认知受西方媒体影响，但亲身体验后彻底改观。例如，他惊讶于北京的环境治理，直言西方媒体对"污染"的报道存在偏见。他主动学习中文，研究中国历史，深化对两国文化的理解。他承认早期视频中语言描述的错误，并公开道歉。他的坦诚与谦逊，不仅赢得了中国民众的尊重，也为国际社会树立了跨文化对话的典范。

2024 年访华期间，他专程前往南京大屠杀遇难同胞纪念馆，亲眼目睹遗址与幸存者后代的讲述。他感慨："阅读历史与亲眼见证是两回事……那些躲在墓穴中的遗骸让我永生难忘。"他选择不渲染血腥细节，而是聚焦于历史的教育意义，希望通过个人经历打破西方对中国的偏见，推动更多人了解真实的历史。

人物评词

埃文·凯尔，一位以勇气与正义为剑，以智慧与爱心为盾的国际友人。他以无畏的精神，挺身而出，捍卫历史的真相，使更多人了解到那段被遗忘的历史。他的行动，如同明灯，照亮了人们的心灵，激发了无数人对正义与和平的向往。从捐赠"二战"时期的相册，到成为中国文化的传播者，埃文凯尔用他的行动诠释了何为真正的国际友谊。他跨越国界，用爱与理解搭建起中美之间的桥梁，让两国人民的心灵更加贴近。他的故事，如同一部动人的史诗，激励着每一个人为正义、为和平、为友谊而努力奋斗。

适用主题

坚守良知、文化交流、坦诚与谦逊、勇气、尊重历史、责任感。

宫崎骏

一句话概括

用画笔编织梦想，以动画温暖世界。

人物简介

宫崎骏，一个出生于东京的梦想家，从小就对飞行器和绘画充满了无尽的热爱。年少时，他在书籍和电影中感受到世界的广阔与奇幻，那些充满想象力的故事让他心驰神往。大学毕业后，他进入动画行业，开始了与动画创作的不解之缘。

在动画的世界里，宫崎骏面临的是繁重的创作压力和不断变化的市场需求。他不仅要应对紧张的工期，还要在商业与艺术之间找到平衡。然而，他从未放弃对梦想的追求，始终坚守在创作一线，用画笔勾勒出一个个充满温情与哲思的世界。他带领团队深入每一个细节，从角色设计到场景构建，让那些充满童真与深意的故事感动了无数观众。

宫崎骏深知，动画不仅仅是娱乐，更是传递爱与希望的工具。他通过作品探讨人与自然、战争与和平、成长与责任等深刻主题，向世人展示动画的力量与价值。他还积极培养年轻动画人，传授自己的创作理念与技巧，为动画行业的未来播撒希望的种子。

在宫崎骏的带领下，吉卜力工作室成为世界动画的标杆，赢得了全球观众的喜爱与尊敬。他先后荣获多项殊荣，包括奥斯卡终身成就奖等。然而，他对这些荣誉并不在意，他更看重的是作品能否触动人心。

如今，宫崎骏已经年过八旬，但他依然坚持创作，继续用动画为世界带来温暖与力量。他的一生，是一部充满梦想与坚持的传奇史诗，他用自己的行动诠释了什么是真正的艺术追求与责任担当。他用自己的才华与热情守护着动画的纯粹与美好，让我们看到了一个真正的梦想家的形象。

人物评词

宫崎骏，这位来自日本动画界的传奇大师，用一生的热情与才华编织了一个又一个奇幻而温馨的世界。人们敬爱他如动画界的魔术师，他的作品不仅温暖了无数孩子的心灵，也让成年人找回了久违的纯真与感动。从青涩少年到白发苍苍，宫崎骏始终保持着对动画的无限热爱与执着追求，他的工作室就像他的第二个家，见证了他无数个日夜的辛勤耕耘。他用画笔勾勒出的每一个角色、每一帧画面，都蕴含着他对生活、对自然、对人性的深刻理解和无限热爱。《时代周刊》曾赞誉他为"动画界的传奇"，而宫崎骏的心归处，永远是那片他用画笔创造的奇幻天地，那里有无尽的想象与美好，也有他对这个世界最真挚的关怀与期待。

适用主题

坚守梦想、艺术追求、传递爱与希望、创新与传承、坚持与热爱、择一事终一生、匠人精神、淡泊名利、温暖世界。

毛　姆

一句话概括

以笔为舟游心海，以墨为灯照人性。

人物简介

威廉·萨默塞特·毛姆，一个出生于法国巴黎的英国作家，以其敏锐的洞察力和精湛的叙事技巧闻名于世。年少时，他便在文学的世界里找到了自己的归宿，那些复杂的人性和社会现象让他着迷。从医学院毕业后，他并未选择从医，而是投身于文学创作，开始了与文字的不解之缘。

在文学创作的道路上，毛姆面临的是激烈的竞争和不断的自我挑战。他不仅要应对批评家的苛刻评价，还要在作品中不断探索人性的深度。然而，他从未退缩，始终坚守在文学的第一线，用心雕琢每一个故事。他带领读者深入人性的迷宫，逐一揭示、剖析，让那些隐藏在表象下的真实情感得以显现。

毛姆深知，文学创作不仅仅是讲述故事那么简单，更重要的是反映社会和启发思考。他积极参与各类文学活动，向世人展示文学的力量和魅力。他还积极培养年轻作家，传授自己的写作经验和人生智慧，为文学的未来播撒希望的种子。

在毛姆的努力下，他的作品赢得了读者和评论家的广泛认可，包括《月亮与六便士》《人性的枷锁》等经典之作。他先后荣获多项殊荣，包括"英国皇家文学会会员"等。然而，他对这些荣誉并不在意，他更看重的是作品本身的价值和影响。

如今，毛姆已经离世多年，但他的作品依然在世界各地广为流传，继续为读者带来思考和启示。他的一生，是一部精彩的文学史诗，他用自己的笔触诠释了什么是真正的文学创作和人性探索。他用自己的智慧和才华守护着文学这片领域，让我们看到了一个真正的文学大师的形象。

人物评词

毛姆是出身优越的英国绅士，是才华横溢的文学巨匠，却用一生的时间探索着人性的复杂和社会的多元。人们尊敬地称他为"故事大师"。从青年到晚年，这位"故事大师"，一写作就是50年，扎根于文学，将最深刻的观察和思考都奉献给了世界文学。人们常将他比作文学界的探险家，因为他总是勇于突破传统，探索人性的未知领域。从青春年华到白发苍苍，毛姆始终坚守着对文学的热爱与执着，他的心灵归宿，便是那无尽的文字世界。他的每一部作品，都是对生命意义的深刻探寻，是对人性美好的不懈追求。

适用主题

坚守初心、坚守使命、探索人性、文学创新、甘于奉献、择一事终一生、青春有为、淡泊名利、创作精神。

丘索维金娜

一句话概括

用一生挑战极限，以坚守书写体操传奇。

人物简介

丘索维金娜，一个出生于乌兹别克斯坦的普通女孩，却对体操运动充满了无尽的热爱。年少时，她便在训练场上展现出非凡的天赋，立志成为一名优秀的体操运动员。经过多年的刻苦训练，她成功站上了国际赛场，开始了与体操的不解之缘。

在体操生涯中，丘索维金娜面临的是常人难以想象的挑战和压力。她不仅要应对高强度的训练和比赛，还要在生活的重压下坚持前行。为了给患病的儿子筹集医疗费用，她以高龄重返赛场，成为体操界的传奇。然而，她从未退缩，始终坚守在赛场上，用汗水和毅力书写着自己的传奇。她带领年轻选手不断突破自我，让体操运动焕发出新的活力。

丘索维金娜深知，体育不仅仅是竞技，更是一种精神的传承。她积极参与各类公益活动，向世人展示体育的力量与希望。她还悉心指导年轻运动员，传授自己的经验和技巧，为体操运动的未来播撒希望的种子。

在丘索维金娜的带领下，体操运动在世界范围内赢得了更多的关注与尊重。她先后荣获多项殊荣，包括"国际体操联合会特别贡献奖"等。然而，她对这些荣誉并不在意，她更看重的是对体育精神的坚守与传承。

如今，丘索维金娜年近五旬，但她依然活跃在体操赛场上，继续为体育事业奉献着自己的力量。2025年3月5日，她的传奇在体操世界杯巴库站续写，以13.516分获得跳马冠军，热爱是终生浪漫的开始，她的人生也是一部充满传奇色彩的体育史诗，她用自己的行动诠释了什么是真正的体育精神。她用自己的坚持与热爱守护着体操运动的未来，让我们看到了一个真正的体育传奇的形象。

人物评词

丘索维金娜是备受尊敬的体操传奇，是名副其实的赛场女神，奉献了大半辈子的光阴守

护着体操运动的荣耀。人们亲切地称她为"体操的母亲"。从青春到中年，这位"体操的母亲"，一坚守就是几十年，扎根于赛场，将最宝贵的年华和热血都奉献给了体操运动。她用一生的坚守，诠释了什么是永不放弃；她用无尽的热爱，点亮了体操的未来。她是赛场的传奇，是体育的精神。央视新闻评价她："青春到中年，丘索维金娜用她的坚持与热爱，书写了一段跨越时代的体操传奇。她不仅是赛场上的英雄，更是无数人心中的榜样。"

适用主题

坚守初心、坚守使命、挑战极限、甘于奉献、择一事终一生、青春有为、淡泊名利、吃苦精神。

第八章　事件类素材

红色基因，薪火相传

导语：红色精神，是浸染山河的信仰血脉，是穿透时空的精神火种。它以理想为刃，以热血为墨，在民族危亡的暗夜里劈开长夜，在复兴征程的跋涉中镌刻永恒。

1921 年，南湖红船摇曳的烛光中，中国共产党诞生。十余位先驱以"为中国人民谋幸福"的初心，点燃了红色精神的火种；1934 年，红军踏上长征路，用草鞋踏碎雪山草地的绝境，以两万五千里血色足迹书写"理想高于天"的信仰；1937 年，卢沟桥的枪声撕裂国土，抗日战争全面爆发，四万万同胞以血肉铸就"寸土不让"的家国尊严。今日之中国，红色基因已融入民族魂魄。它是乡村振兴田野上的躬耕身影，是科技攻坚实验室中的不眠灯火，是边疆哨所风雪中的挺拔脊梁。传承这份精神，不是对历史的简单复刻，而是让信仰之火永续燃烧：当青年以长征之坚韧直面人生坎坷，以抗战之团结共迎时代挑战，红色基因便不再是史册中的铅字，而成为照亮未来的火炬，在每一个平凡的奋斗中，续写山河壮阔的新篇。

素材一　红船启航：中国共产党成立

20 世纪初的中国，列强割据、民生凋敝，救国之路迷雾重重。1921 年 7 月，毛泽东、董必武等 13 位平均年龄 28 岁的青年，在上海石库门与嘉兴南湖的红船上，以生命为注，宣告中国共产党诞生。他们中有人变卖家产资助革命，有人放弃优渥生活深入工农，有人直面

枪口誓死不屈——这群"书生"用行动撕破黑暗，锚定"为人民谋幸福"的初心。

这场开天辟地的壮举，铸就三大精神丰碑：

"首创精神"——在"西学""改良"困局中，首次高举马克思主义旗帜，开辟扎根人民的革命新路；

"奋斗精神"——从58名党员起步，历经围剿、背叛、牺牲，始终以"革命理想高于天"的信念绝地重生；

"奉献精神"——王尽美病榻遗言"为党工作"，邓恩铭狱中饱受折磨，但宁死不叛党。

百年激荡，"红船精神"从未褪色。它映照在科研工作者攻克芯片的实验室里，扎根在扶贫干部跋涉的泥泞山路中，跃动在青年学子"强国有我"的誓言里。历史昭示：一个民族最深沉的力量，不在刀剑而在信仰；一个国家最永恒的财富，不是黄金而是初心。红船虽小，却承载着一个民族从跪着到站起、从觉醒到复兴的精神密码——这密码，至今仍在每一代中国人的血脉中奔涌。

素材二 征途如炬：红军长征精神永铸

1934年，第五次反"围剿"失败，中央红军在国民党重兵围剿下被迫突围，踏上九死一生的长征路。这支衣衫褴褛的队伍，背负着中国革命的火种，穿越11省，翻越雪山，横跨草地，以日均一战的频率，用血肉铺就两万五千里征途。湘江血战，5万将士以躯体为盾，掩护主力渡江；雪山之巅，战士嚼辣椒御寒，炊事员冻成冰雕仍紧攥铜锅；草地深处，官兵分食皮带充饥，却围篝火高唱《国际歌》，苦中作乐办"野菜博览会"。一位女红军在沼泽分娩，婴儿啼哭与炮火交织，战友以草叶为被，为孩子取名"远征"——绝境中的新生，恰似革命不灭的隐喻。

若说建党是"开天辟地"的觉醒，长征则是"向死而生"的涅槃，它有"铁脚板"般的坚韧"——日均行军74里，草鞋磨穿、冻疮溃烂仍高呼"走到陕北就是胜利"；它有"辣椒红"般的乐观——雪山寒风刺骨，却笑称辣椒是"革命火种"，野菜汤是"胜利佳肴"；它有"绑腿布"般的团结——将领让马给伤员，士兵分最后一口炒面，无分官兵，生死与共。

今日重走长征路，不是复刻苦难，而是铭记：真正的胜利，不是从未跌倒，而是跌倒后总能站起。当登山者征服珠峰、当工程师突破芯片封锁、当学子在书山题海中执着追梦——他们脚下，都蜿蜒着一条新时代的长征路。

素材三 烽火淬钢：全民抗战护山河

1931年九一八事变，日寇铁蹄踏碎东北山河；1937年卢沟桥枪响，华北沦陷，中华民族被逼至亡国边缘。南京大屠杀的血海、重庆轰炸的火光下，四万万同胞发出怒吼："宁做

战死鬼，不当亡国奴！"

这是一曲以生命写就的壮歌：东北雪原上，杨靖宇胃中仅剩草根、棉絮仍孤身血战，牺牲前高呼"中国万岁"；台儿庄战场，王铭章将军身中数弹，抗击日军到生命最后一刻；狼牙山巅，五壮士弹尽粮绝后纵身跳崖，崖底回荡"打倒日本帝国主义"的呐喊……这些个体的绝唱，汇成民族不屈的强音。

烽火中，四万万同胞空前团结：农民砸碎祖传的犁耙铸成刀枪，学生撕碎课本化身战士，僧人脱下袈裟抬起担架，母亲将最后一个儿子送上战场！滇缅公路上，白发老妪背着婴儿夯筑"生命线"；南洋侨胞变卖祖屋，连街头乞儿都捧出乞讨的铜板——那一刻，没有党派之分、贫富之别，只有同仇敌忾的"中国人"。

若说建党是"觉醒的火种"，长征是"淬炼的熔炉"，抗战则是"锻铁成钢的锤音"——它让一盘散沙的国人结成钢铁长城，让"兄弟阋于墙，外御其侮"的古老箴言化作血写的现实。今日，这精神仍在血脉中奔涌：1998年抗洪救灾，战士用身体堵住决口，百姓拆下自家门板当救生筏；汶川地震时，15名空降兵写下遗书，从五千米高空舍命盲跳。这些身影与抗战烽火中的脊梁一脉相承：灾难面前，没有旁观者，只有共担风雨的"中国人"。山河为证：一个民族真正的强大，不是从未跌倒，而是每次跌倒后，总能用团结的脊梁，托起浴火重生的朝阳。

作文主题

家国情怀、青年担当、信仰、团结、韧性、智慧、乐观、敢为人先、平凡与伟大。

锐意变革，开拓创新

导语：改革创新精神，是冲破旧枷锁的勇气，更是开创新天地的智慧。它像一条永不停歇的河，从古至今奔涌在中国人的血脉中。

战国时，商鞅以"军功授爵"打破贵族垄断，让平民凭战功改写命运，秦国由此崛起；北魏孝文帝迁都洛阳，让游牧民族"脱下胡服穿汉衣"，用文化融合打开盛世之门。近代洋务运动虽败犹勇，"师夷长技"的呐喊掀开了中国工业化的第一页。1978年，安徽小岗村18个手印按下"分田到户"，改革开放的春风吹遍神州，深圳从小渔村变身国际都市，印证了"敢闯敢试"的力量。

今日变革早已融入日常：高铁呼啸着将天涯变咫尺，手机轻点便能"码上支付"，深山里的果园通过电商直抵万家餐桌。这些看似寻常的改变，背后是"破旧立新"的魄力——正如诺基亚因守旧黯然退场，中国新能源车却以"换赛道"逆袭全球。

历史长河奔腾向前，守旧者如岸边的沙堡终被冲散，变革者似浪尖的帆船破浪领航。每一次破局都在证明：唯有锐意变革，才能把"不可能"写成"新日常"。

素材一 孝文帝改革：1 500 年前的"民族大团结"实验

背景：草原 VS 农耕

1 500 年前，北魏（鲜卑族）从草原打进中原，发现管理难题：骑马打仗的民族，怎么管种田的汉人？两边文化差异大，像油和水混不到一起。

改革三招

搬家：首都从草原平城搬到中原洛阳（让领导层接触汉文化）；

通婚：鼓励鲜卑人和汉人结婚（用家庭化解矛盾）；

换装改名：皇帝带头穿汉服、改汉姓（拓跋变"元"），推广儒家文化。

神奇效果

草原人的勇猛 + 汉人的文化 = 新混合文明；

北方各民族从"互相看不惯"变成"同桌吃饭"；

为后来隋唐盛世打下基础。

现代延续

云南丽江：纳西古乐和游客手机直播共存；

内蒙古自治区：蒙古语课和汉语课一起上；

青藏铁路：把西藏和其他省份连成整体；

证明不同民族可以"各美其美，美美与共"。

关键启示

真正的强大不是消灭差异，而是让不同文化碰撞出新火花，就像现在中国 56 个民族像石榴籽一样抱团发展。

素材二 改革开放：中国腾飞的引擎

背景

1978 年的中国，如同一把生锈的锁：粮票布票捆住手脚，"大锅饭"饿瘦了干劲，城乡差距像一道深深的沟。邓小平用"改革开放"这把钥匙，"咔嗒"一声，拧开了中国的未来。

改革大招

中国以"破旧立新"的勇气拆掉计划经济围墙，国企从"铁饭碗"变身"赛马场"；

以"敢闯敢试"的锐气在深圳、厦门等特区创下"三天一层楼"的奇迹；

以"拥抱世界"的魄力加入 WTO，义乌小商品涌向全球，华为 5G 登顶科技之巅。

每一步，都是破局者用胆识在时代的答卷上写下的答案。

深远影响

这场变革让中国换了人间：从粮票换馒头到手机点外卖，从绿皮火车晃悠到高铁风驰电掣，从"洋火洋布"到北斗导航照亮全球。四十多年间，中国 GDP 从 1978 年的 3 677 亿元增长至 2024 年的 134.9 万亿元，人民彻底告别绝对贫困，把"春天的故事"写成"黄土变黄金"的传奇。

关键启示

改革没有"万能公式"，就像小岗村农民自己按下手印找活路；开放不能"关起门折腾"，正如深圳用"闯"字撞破旧枷锁。今天的青年用手机直播帮老乡卖山货，用代码打造智能工厂——接过父辈的接力棒，我们既要当"第一个吃螃蟹的勇者"，也要做"把图纸盖成高楼"的实干家。就像当年冒险分田的农民、特区建设的"拓荒牛"，每个普通人撸起袖子的奋斗，都是中国巨轮破浪前行的浪花。

素材三　240 小时过境免签：中国旅游热的"政策钥匙"

政策简述

2024 年 12 月 17 日起，中国全面放宽优化过境免签政策，将过境免签外国人在境内停留时间由原 144 小时延长为 240 小时（10 天），同时新增 21 个口岸为过境免签人员入出境口岸，进一步扩大停留活动区域。这就像给全球旅客发了一串"10 日畅游钥匙"——外国人持第三国机票，无须复杂手续即可深入体验中国，从北京胡同到上海外滩，从西安兵马俑到广州早茶，轻松解锁"中国魅力"。

积极影响

经济"活水激荡"。大量游客涌入，对交通、住宿、餐饮、购物等行业形成直接刺激，创造了可观的经济效益。

文化"自信绽放"。西安兵马俑景区开放"秦俑 DIY 工坊"，外国游客亲手制作迷你陶俑，并在底座刻上中文名，通过互动理解"千年工匠精神"。一位法国游客在社交媒体晒图："我的'马克秦俑'会讲中国故事！"

民间"友谊升温"。成都政府为外籍人士组织"家在成都"活动，外国游客学包饺子、写春联，一位德国工程师感叹："这比旅游宣传片更真实！"

成因分析

政策创新的历史血脉。北魏孝文帝改革迁都洛阳，用"穿汉服、说汉语"打破民族隔阂；改革开放设立特区，用"打开国门"激活经济；如今免签政策以"智慧松绑"推动文旅融合——千年来，中国始终用政策创新打破边界。

文化自信的底气支撑：从"藏在博物馆"到"摆在街边玩"，洛阳街头推出"汉服快闪"，过境旅客花 10 分钟就能变身"唐朝人"拍照打卡——真正的自信，是把文化变成可

触摸的日常。

制度设计的精准巧思：缩减候检时长，推行自助申报口岸，北京实现境外银行卡"直刷"乘坐地铁，重庆重点涉外酒店实现外币兑换服务全覆盖……一系列便利措施，拉近了外国游客与中国的距离。

关键启示

开放胸襟拥抱世界。就像北魏贵族放下马鞭学汉礼，新时代青年需主动理解多元文化，积极参与社区"国际文化节"，搭建"双向文化桥梁"。

用创新传播文化自信：比如计算机专业的学生可以尝试设计"丝绸纹样 AR 贴纸"，过境客扫描二维码就能看到纹样背后的历史故事——让传统文化"活"在手机里，比教科书更生动。

在服务中践行担当：加入"城市文化志愿者"，为过境旅客设计"城市漫步路线"——你的热情，就是最生动的"中国名片"。

孝文帝用迁都打开融合之门，改革开放用特区推开世界之窗，240 小时免签用政策钥匙激活文旅活力——创新，是刻在中国骨子里的发展密码。

作文主题

创新、开放包容、勇气、实干、文化自信、青年担当。

重器铸魂，匠心传薪

导语：大国之强，始于重器之成。当神舟飞船冲上天空，中国空间站就成了宇宙中的"中国灯塔"，让中国人在太空探索中有了自己的"大本营"；嫦娥探测器在月背采样成功，带回的土壤不仅揭示了月球的秘密，更证明了中国科技能自主啃下"硬骨头"；国产大飞机 C919 翱翔天际，打破了外国公司对民航市场的垄断，让中国飞机也能"飞向世界"；"深海勇士"号潜入万米海底，帮我们摸清了深海的家底，为资源开发铺路。这些重器，如同擎天巨柱，撑起国家的尊严与未来：它们让中国在国际谈判桌上挺直腰杆，在资源争夺中掌握话语权，在危急时刻筑牢安全屏障。

若细看这些"国之筋骨"，便能触摸到流淌其中的精神血脉——那是"两弹一星"年代，科学家用算盘打出核爆公式的执着；是改革开放初期，工程师在图纸堆中寻找技术突围的锐气；更是今日青年工匠，在实验室与车间里将"卡脖子清单"变为"领跑成绩单"的胆魄。历史反复验证：真正的强国，既要有仰望星空的眼界，更要有脚踏实地的匠心。而这份匠心，正藏在每一位青年校准仪器的指尖、编写代码的屏幕前、打磨零件的车床旁——因为未来那些震撼世界的"中国震撼"，必诞生于今日无数个"微不足道"的精准之中。

素材一 神舟十九号载人飞船发射成功："90后"首征太空书写航天新篇章

事件概述

2024年10月30日，神舟十九号载人飞船成功发射，三位航天员中首次出现了"90后"的身影——宋令东和王浩泽。他们用青春力量叩开了太空探索的大门，也给我们带来许多成长启示。

亮点解析："90后"航天员首秀的"破界"。

宋令东：从"蓝天卫士"到"太空行者"。

曾是空军王牌飞行员：每天承受高强度训练，甚至被飞行服压出淤青，练就超强抗压能力。

多年的太空追梦路：小时候看神舟五号直播种下航天梦，创建"守望者"微信号自我激励。

转型秘籍：把飞行员精准操作的本领用在太空设备安装中，证明老技能也能打开新赛道。

王浩泽：从"造火箭"到"坐火箭"。

曾是火箭发动机设计师：用"游戏闯关"精神攻克技术难题，参与研发新型发动机。

首位女性航天工程师：在失重训练中反复练习上千次，用"拼命三娘"态度打破性别偏见。

跨界智慧：用自己的工程背景与地面技术人员紧密沟通，共同解决遇到的问题。

成长启示

技能叠加创造奇迹：飞行员+航天员、工程师+宇航员的组合证明，不同领域的经验会碰撞出新火花。

持续学习破除壁垒：王浩泽从学霸到航天员始终相信——把每个难题当作拼图，终能拼出完整答案。

团队协作成就梦想：神舟十九号的成功发射凝聚了科研、工程、航天员与地面保障团队的高度协作，展现了系统工程中多领域专业人才的紧密配合与集体智慧。

神舟十九号的"90后"首秀不仅是年龄的突破，更是职业、性别、技术多重界限的打破。宋令东用战机飞行员的"大心脏"直面太空挑战，王浩泽用工程师的"解题思维"征服未知领域，科研团队用"归零心态"接力创新——他们共同证明：人生的天花板，由行动的高度决定；星辰大海的征途，靠协作与热爱照亮。

素材二 嫦娥六号完成人类首次月球背面采样：在"月之暗面"刻下中国印

事件概述

2024年6月2日，嫦娥六号探测器像个月球考古学家，在月球背面南极—艾特肯盆地的"深坑博物馆"成功着陆。它不仅拍下人类首张月背实景全景图，还用月背自主智能采样技术，带回了珍贵的月壤样本，让中国在月球探索史上刻下新坐标。

重要意义

(1) 第一次去月背"挖土"，解开了月球隐藏的身份证。

以前人类只研究过月球正面（像看一个人的正脸），嫦娥六号第一个跑到月球背面"挖土"采回样本。这些土里藏着月背火山、陨石撞击的秘密，就像拿到了月球的"体检报告"，让科学家终于能研究月亮的"后脑勺"长什么样。

(2) 给探测器装了"超能力套装"。

月背没信号？我们派了个"传话员"（鹊桥卫星）蹲在地球和月亮中间传信号；地形复杂看不清？探测器自己会扫描地面、躲开大坑，像蒙眼开赛车还能精准停车；采完样还能从月背自己飞回地球轨道，这波操作直接给未来的月球基地建设打了样。

(3) 不仅牛，还让普通人摸得着"月亮"。

国家把带回来的月球土放进博物馆展览，小学生都能凑近看。这比任何科幻电影都燃，相当于告诉孩子们："你们现在摸的可是真正的月亮！以后说不定你也能设计宇宙飞船！"——把高大上的科技变成了每个人能参与的梦想。

成长启示

做自主创新的"破壁者"：当传统理论说"月背采样不可能"，中国航天人用自主设计的中继通信方案打破定论。启示我们：前人未解之题，正是创新者的舞台。

培养"星际园丁"的耐心：从嫦娥一号到六号，十七载耕耘才摘得月背硕果。就像种仙人掌，耐得住寂寞才能等到开花。

炼就开放合作的智慧与胸怀：中国愿在平等互惠的原则下，与他国共享月壤样本，进行国际合作与研究。这提醒我们：以自主技术奠定合作基础，共享成果推动共同进步，让科技突破惠及全人类。

当嫦娥六号在月背竖起五星红旗，它不仅是探测器，更是所有追梦者的化身——在看不见光的地方，用自主创新的火炬照亮前路；在无人抵达的领域，用持续耕耘的韧性创造奇迹。这告诉我们：每个看似"不可能"的暗面，都藏着等待被点燃的星光。

素材三　国产大飞机C919首飞成功：用中国翅膀托起"蓝天梦"

事件概述

2023年5月，国产大飞机C919完成首次商业飞行，这架拥有自主知识产权的"中国造"客机划破长空，打破了波音、空客垄断全球航空市场多年的格局。从1970年运-10项目启动到如今，53年间经历技术封锁、合作中断、试飞失败等重重考验，最终让中国成为全球第三个具备大型客机研发能力的国家。

云端翱翔三大突破

自主与合作的"中国范式"：C919采用"中国设计+全球协作"模式：自主掌握飞机总体设计、系统集成等核心技术（如全球首创的三维编织碳纤维机身），同时引入国际先进部件（如法美合资的发动机）。就像建造乐高城堡——用世界的积木，搭中国的蓝图。

产业链的"齿轮革命"：C919带动国内22个省市、200多家企业技术升级：宝钢研发出航空级钛合金，中航工业突破超临界机翼技术。每个环节的突破都像精密齿轮，共同转动中国高端制造的巨轮。

失败浇筑的"通天塔"

20世纪80年代运-10因技术短板下马，却留下20万页珍贵数据。20世纪90年代麦道合作项目终止，倒逼出我国自主研发的决心。每一次跌倒都成为垫脚石，最终垒起通向蓝天的阶梯。

成长启示

接好前辈的"接力棒"。"运-10"设计师程不时将经验传给C919团队，就像传递赛场接力棒。虽然"运-10"暂停了，但它培养的人才后来造出了新飞机。这告诉我们：成功需要代代接力，前人种树后人乘凉，每一次坚持都在为未来铺路。

握紧笔杆而非拳头。面对欧美技术封锁，中国没有硬碰硬对抗，而是用智慧破局：通过国际适航认证学习标准，在合作中提升自主能力。就像书法家借他人墨砚，写出自己的风骨。

齐心合奏创新曲。C919的250万个零件就像乐谱上的音符，需要300多工人共同演奏；上海设计机翼时，西安团队连夜送来关键数据；试飞员与地勤24小时轮班调试，连普通钳工都贡献了"头发丝精度"的装配技术。这告诉我们：伟大事业从不是独奏，而是需要每个人找准自己的声部，只有团结协作，才能让"中国制造"的旋律响彻世界。

当C919的引擎轰鸣声响彻云霄，它不仅是金属的震颤，更是一个民族向世界的宣言——那些曾被撕毁的技术图纸，终将成为自主创新的蓝图；那些冷眼与质疑，终将化作托举梦想的气流。这架大飞机告诉我们：真正的飞翔，从不是拒绝借力，而是懂得如何把每一阵风，都变成自己的上升动力。

作文主题

跨界发展、持续学习、打破偏见、突破封锁、自主创新、协同合作、接力奋斗、长期坚持。

AI 破茧·智启双刃

导语：当围棋冠军柯洁面对阿尔法狗落败后感叹"人类数千年的经验，在 AI 面前如此苍白"，当 ChatGPT 用流畅文笔写出作文引发全网惊叹，当国产 AI 大模型 DeepSeek 以"学霸级"解题能力横空出世——人工智能正以超乎想象的速度重塑世界。从工厂里精准作业的机械臂，到手机里能对答如流的语音助手；从医院里 10 秒筛查 CT 片的"AI 医生"，到课堂上为学生定制学习计划的"智能老师"，这些看得见、摸得着的应用，让科技不再是课本里的遥远概念。但硬币总有两面：手机 App 推送的广告"比妈妈更懂你爱吃什么"，背后是数据泄露的隐忧；短视频平台上真假难辨的"AI 换脸"，让网络诈骗有了新伪装。就像汽车发明时人类需要学习交通规则，面对这场智能革命，我们既要拥抱它带来的便利，也要思考如何驾驭。

素材一　智能加速，温暖守护：DeepSeek 如何用科技点亮民生服务

事件概述

2025 年 1 月，国产 AI 大模型 DeepSeek 突然刷屏朋友圈，就像班级里横空出世的"六边形战士"：它能 1 分钟写完高中生 3 小时的数学作业，改作文比老师批得还仔细，甚至用东北方言讲脱口秀。微博话题"被 AI 卷到瑟瑟发抖"三天阅读量破 3 亿，连航天工程师都用它优化卫星轨道计算公式。

爆火密码：快、准、省的三重突破

与 ChatGPT 等 AI 相比，DeepSeek 的"绝活"令人惊叹：其信息检索效率远超行业平均水平；语言表达不再像"机器人念说明书"，而是能模仿班主任训话时的"恨铁不成钢"，或是奶奶教包饺子时的絮叨语气。更关键的是，其研发投入产出比极具颠覆性——用更经济的成本便实现了顶尖水准的技术表现，堪称行业内的"性价比奇迹"。

智慧赋能：DeepSeek 的民生服务温度

政务窗口：三秒生成的不只是清单

在杭州拱墅区政务大厅，群众对屏幕说出"办营业执照"，DeepSeek 3 秒推送带公章的材料清单，还贴心标注"二楼扶梯口有自助打印机"。原本需要往返多次的业务，现在一趟办结。

医疗现场：AI门诊的10秒诊疗课

北京协和医院的年轻医生遇到罕见病例时，AI系统10秒标红异常指标，同步生成《患者沟通话术指南》。"它不仅给结论，更教会我们如何思考"，规培生举着手机拍摄系统分析过程。

银发关怀：方言点餐背后的健康守护

成都社区食堂里，78岁张奶奶用四川话点"粉蒸肉"，系统秒速下单后弹出提醒："上周血糖6.8mmol/L，建议搭配西蓝花"。老人们惊喜发现，AI比子女更清楚他们的体检数据。

从政务服务到银发关怀，DeepSeek正在用技术温度重构公共服务形态。就像西湖边新设的智能指路牌，不仅提供导航，还会根据天气提醒"前方300米有避雨亭"——科技不再是冰冷的工具，而是化身为懂得察言观色的"数字邻里"，在细微处呵护着每个群体的尊严与期待。

DeepSeek团队的温暖科技密码

观察比代码更重要。

研发组的王哥在政务大厅蹲点三周，发现群众总问"材料去哪打印"，于是给AI加上了打印机位置提醒。他说："技术再牛，不如多看两眼的真实需求。"

换位思考是最大创新。

程序员阿杰为帮助听障儿童，戴着耳塞生活三天，终于明白发音训练的痛点。他说："不是我们多聪明，而是我们愿意弯下腰去感受。"真正的智能，是懂你的难处。

把小事做到极致。

团队收集了菜场方言录音，连"土豆糊了"的不同语气都分类标注，AI才能听懂老人用方言说"粉蒸肉要耙乎点"。现在老人们都说："这机器比儿子听得懂我！"

DeepSeek团队用行动证明：不用名校光环，只要肯观察、会换位，用笨功夫解决身边小问题，你也能创造改变世界的温暖科技！

素材二　AI时代的生存挑战与破局之道

1. 就业竞争：你的对手可能是"AI同事"

无人机操作、传统客服等岗位正被AI取代，新兴职业需要"跨界超能力"！比如"AI训练师"要当技术+行业的"双面手"——既要会用工具调教AI（如教它识别医疗影像），又要懂具体行业门道（如医院的诊断流程），还得能把医生的需求"翻译"成AI能理解的指令。

未来找工作比的不是你和AI谁厉害，而是你和AI组队后能不能打败别人的AI队友！比如，汽修厂招人时，只会换轮胎的工人可能失业，但会调试AI诊断系统，还能手动修理

复杂故障的技师，反而工资翻倍。

就像打游戏组队，装备再好也得会操作——AI 是摩托车，你是骑手，飙车还是翻车全看你怎么指挥。

应对策略

我们需要关注行业趋势，了解哪些岗位可能被 AI 替代，及时调整学习方向。

同时，在专业领域深挖 1~2 项 AI 难以复制的技能（如精密手工操作、复杂场景应变），让 AI 成为你的"智能助手"而非"替代者"。

并且要掌握"人无我有"的复合技能，汽修专业学生可以学习 AI 故障诊断系统操作，烹饪专业可钻研"智能厨房"设备维护。

2. 技能依赖：当"虚拟师傅"蚕食你的真功夫

过度依赖 AI 导致的技能退化已渗透到各行业。

医疗领域：北京协和医院引入 AI 读片系统后，年轻医生肉眼识别病灶的准确率显著下跌。一位住院医师坦言："现在离开 AI 辅助，我连肺结核的典型胸片特征都记不全。"

制造业：某汽车工厂质检员长期使用 AI 缺陷识别系统，当设备故障导致系统误判时，竟无法凭肉眼发现引擎盖上的明显的焊接裂缝，导致整批次产品召回。

教育行业：语文老师过度依赖 AI 批改作文，某次系统故障时，竟无法独立判断学生作文中的"成边将士"与"戍边将士"的用字错误。

核心矛盾：AI 就像"智能拐杖"，短期提升效率却弱化肌肉记忆。比如长期使用代码生成工具的员工，手写基础算法错误率是自主编码者的数倍。这种退化具有隐蔽性——就像长期依赖导航的司机，某天纸质地图在手却看不懂。

应对策略：重视基础技能训练

某车企发现，能手工绘制零件草图的技师，调试 AI 设计系统的效率比纯数字工程师高不少；京东物流数据显示，能凭记忆规划配送路线的骑手，在导航失效时的准时率比依赖 AI 者高得多。

可见基础技能是你的"职业安全带"——AI 再智能也替代不了你亲手摸出轴承磨损的手感、肉眼发现焊缝气泡的眼力。就像骑电动车也要先会平衡，这些根基能力决定你未来是掌控 AI，还是被 AI 淘汰。

所以日常的基础技能训练不可或缺，在遇到问题时先自己思考解决方案，再用 AI 验证优化，这样你才会既是"传统手艺人"，又是"智能指挥官"。

3. 辨别危机：AI 正在悄悄"关闭"你的判断开关

对 AI 的盲目信任会让我们的判断力下降。比如某学生用 AI 查询"数控机床保养方法"，将某贴吧用户编造的"每月用白酒擦拭导轨"当作金科玉律，导致设备腐蚀。

实际上当 AI 面对那些超出其知识储备范畴、自身完全不熟悉的问题时，便会不受控制

地编造出诸多难以在短时间内判断真假的细节，进而给出与客观事实大相径庭的错误答案。以图像生成 AI 为例，若要求它创作一幅以某个罕见历史事件为背景的场景图，由于对该事件细节掌握不足，它可能会把不同时代的元素杂糅在一起，将古代的建筑风格配上现代的服饰装扮，产生严重不符合史实的画面。

如果失去了质疑能力，丧失专业判断，盲目相信 AI 生成的内容，会给我们带来不小的风险。

应对策略

保持批判性思维：不要盲目相信 AI 给出的信息，结合书籍、学术论文、专家意见等多种来源，形成全面的认知，从而验证信息的来源和可靠性。

主动学习和思考：不要满足于 AI 提供的"速食答案"，要主动学习新知识，独立思考问题。

在 AI 重塑世界的浪潮中，我们既是舵手也是瞭望者——既要借 DeepSeek 般的精准与效率破浪前行，更要守护奶奶教包饺子时絮叨的人间温情。技术再强终是工具，真正的智慧在于：保持对真实生活的敏锐感知，以终身学习保持进化，用主动质疑和验证的习惯，打破算法制造的认知牢笼。当听障儿童因 AI 唇语识别绽放笑颜，我们终将明白：人机共舞的真谛，是把代码写成诗，让科技带着体温生长。

作文主题

智能向善、科技的温度、AI 时代的挑战与机遇。

守望生态文明，绘就绿色中国

导语：生态环保是国家永续发展的生命线，是留给子孙后代最珍贵的财富。从"绿水青山就是金山银山"的朴素真理，到"美丽中国"的宏伟蓝图，中国正以绿色为笔，书写人与自然和谐共生的新篇章。近年来，国家打响了污染防治攻坚战，重拳治理雾霾、修复江河湖海，让蓝天白云重回城市天际；启动"双碳"行动，铺开全球最大的清洁能源网络，荒漠中崛起"风光"绿电；建立国家公园体系，为大熊猫、藏羚羊筑起生态家园，塞罕坝的荒原变成百万亩林海……如今，全国空气质量优良天数比例超八成，长江黄河干流水质全线提升，绿色能源装机规模稳居世界第一。生态文明是人类文明的根基，是永续发展的血脉。当我们种下一棵树、守护一条河，就是在为地球编织绿色盔甲，为未来铺就生机长卷。

素材一　塔克拉玛干沙漠生态屏障"合龙"

事件概述

新疆建成世界最长环沙漠绿色生态屏障——3 046 公里防沙林带，将塔克拉玛干沙漠牢

牢"锁"住。从"沙进人退"到"绿进沙退"，这不仅让"死亡之海"披上绿衣，更实现生态与经济的双赢，成为全球荒漠化治理的"中国样板"。

治沙前："沙墙吞噬家园"

环境威胁：塔克拉玛干沙漠面积33.76万平方公里，风速可达8级，沙尘暴频发。狂风卷起的沙墙曾让策勒县城被迫三次搬迁，民丰县百姓在"一天二两土，白天吃不够，晚上还得补"的苦涩中艰难求生。20世纪80年代，流沙距县城仅1.5公里，百姓生活举步维艰。

治沙困难：与"死神"抢绿洲

塔克拉玛干沙漠年均降雨不足50毫米，蒸发量高达2 500毫米（相当于降雨量的50倍），沙地昼夜温差超40 ℃，风速高，种树不易成活。沙海"战士"帕提古丽回忆："刚种下的树苗，一阵风就能连根拔起，补种三四次才能活一棵。"

治沙智慧："分类施策"＋"绿富同兴"＋"沙海愚公"

因地制宜锁黄沙。

耐旱植物区：水源充足处种植红柳、梭梭，根系深扎固沙。

光伏治沙区：缺水地带建光伏板，遮阴减少蒸发，板下种草药。

草方格沙障区：极端干旱区用麦草扎成1米×1米方格，"网格"固沙。

向沙漠要"黄金"。

发展沙产业，实现生态与经济的双赢，才能形成防沙治沙的长效机制。

在于田县，21万亩"沙漠人参"肉苁蓉2024年总产量达5万吨左右，在和田地区策勒县，矿物质丰富的水库里养起了螃蟹，年产量20吨，助力群众增收致富。沙漠光伏电站年日均发电超百万度，为节能减排做出卓越贡献。

沙海"愚公"的坚守。

治沙工作不仅需要科学的规划和技术，更需要人们的坚持与努力。正如治沙人马木提·阿布拉连续8年扎根林场，白天浇水、夜间巡查，像呵护婴儿般照料树苗；帕提古丽和同事们在沙暴后反复补栽树苗，把最美好的青春年华献给了这片林海……在塔克拉玛干沙漠周边，有许许多多和帕提古丽、马木提一样的沙海"战士"，他们长期奋战在防沙治沙一线，用双手建设绿色屏障。

治沙效果："绿染黄沙"＋"点沙成金"

生态环境持续改善：从1978年至2024年的46年里，新疆森林覆盖率已由1.03%提高到5.06%。过去30年，新疆人工绿洲面积由6.5万平方公里增至现在的10万平方公里，增长了53.85%。自然生态状况明显好转，人居环境明显改善。

经济快速发展：沙区特色经济作物种植面积达184.5万亩，肉苁蓉、红枣等产业年产值突破43.7亿元；生态旅游吸引游客络绎不绝……沙区特色产业带动当地人民脱贫增收，昔

日"沙害"变身"沙金"，印证了"绿水青山就是金山银山"的深刻内涵。

曾经的"沙墙吞噬家园"，到如今的"绿洲环绕沙海"，这场逆袭靠的是因地制宜、科学治沙的智慧，更靠的是几代治沙人的日夜守护与接力奋斗。这片3046公里的绿色长城，不仅是生态屏障，更是中国人敬畏自然、永不言弃的精神丰碑。

素材二　蓝天保卫战：凝心聚力，守护蓝天

事件概述

蓝天保卫战是国家2018年启动的污染防治攻坚战，通过治理工业污染、推广清洁能源、发展绿色交通等措施，让天空重现湛蓝本色，就像给城市戴上了"空气净化口罩"。

为什么要保卫蓝天？

（1）健康告急。

2013年北京雾霾最严重时，朝阳医院呼吸科门诊量暴增50%，医生形容"候诊队伍长得像春运"，北京儿童医院曾在一天内接收了7 000多位患儿，其中大部分都患上了呼吸道疾病，这个比率创下了5年内的新高。

（2）生活失控。

2013年冬季东北地区出现重度雾霾，局部能见度不足10米，中小学停课，航班停飞，高速公路封闭，公交线路暂停营运。

山西临汾居民回忆，2014年冬季晾晒的白床单，两小时就会落满黑灰，"远看像印了泼墨山水画"。

（3）经济代价。

2013年北京入境游人数明显下降，2014年冬杭州因雾霾导致游客大幅减少。

2016年因雾霾导致光照不足，粮食减产，部分地区小麦作物的减产率最高达8%。

蓝天保卫战的精神法宝

（1）壮士断腕的决心。

面对近60年历史的千万吨级钢企济钢，济南以壮士断腕之勇，半年内完成关停转型，妥善安置2万名职工；更铁腕整治庚辰钢铁等污染大户，一年清理7190家"散乱污"企业，用"向污染亮剑"的魄力，换来泉城蓝天与产业新生。

（2）科学精准的智慧。

南京建设了江苏省首条"生态"隧道，隧道顶部安装了24台隧道空气治理设备，运用物联网和5G技术，自动收集隧道大气污染物，及时处理。

（3）蚂蚁搬家的坚持。

北京十余年持续淘汰老旧车辆、压减燃煤、严控排放，硬仗一场接一场，终让雾霾锁城变晴空常驻——证明治霾需久久为功！

看得见的蓝天

（1）健康：呼吸更安心，生病更少了。

城市里的灰蒙蒙天空逐渐被蓝天取代，孩子们户外活动多了，老人咳嗽、气喘的困扰也明显减轻。医生们发现，呼吸系统疾病发病率下降，老百姓实实在在感受到了空气变好的好处。

（2）生活：蓝天常驻，生活更舒心。

在北京城里，以前要跑到郊区才能拍到的"星空美景"，现在抬头就能拍到；河南安阳的老钢铁厂，过去烟尘大到工人不敢穿白衬衫上班，如今成了绿意盎然的景区；河北有位爱拍照的大爷，电脑里存了几千张天空照片，名字从"追踪雾霾"改成了"追踪蓝天"——这些变化实实在在告诉我们：环境变好了，日子更美了！

（3）经济角度：老产业升级，新产业崛起。

治霾倒逼企业"变聪明"——钢铁厂改造设备，从"排放大户"变身"绿色工厂"；物流公司淘汰冒黑烟的柴油车，换上新能源货车，既省钱又环保。更令人惊喜的是，新能源汽车、光伏发电等产业快速崛起，带动了电池研发、充电桩建设，创造了大量新岗位。

守护蓝天不是选答题，而是一道必答题——它关乎孩子的奔跑、老人的笑容，关乎城市的生机、乡村的蝶变，更关乎人类文明的未来。让我们携手同行：少开一天车、多植一棵树、节约一度电，用行动为地球充"植"绿色能量。因为，你我的每一分坚持，都是绘就美丽中国画卷的笔触！

作文主题

尊重自然、美丽中国、可持续发展、因地制宜、科学精神、持续创新、奉献坚守。

技能成才，自信人生

导语：在"行行出状元"的今天，技能人才正成为支撑产业升级的中坚力量。国家通过校企深度合作、职普融通通道，为职校生打通升学与就业的"双车道"，让更多人通过技能学习实现人生价值。从清华实训教师邢小颖用铸造工艺征服上亿观众，到"人民理发师"李晓华以精湛的剪发技艺赢得全网热捧，他们的故事印证："真功夫"才是硬通货，技能赛道同样能成就星辰大海。

素材一　从高职到清华讲台：邢小颖如何打破学历偏见?"

事件概述

陕西姑娘邢小颖高职毕业后，以专业排名第一的成绩，在清华大学担任实践教学指导老

师。执教期间，她连续七年斩获清华实践教学特等奖和一等奖，她的讲课视频在全网爆火，播放量过亿，成为"宝藏老师"的代名词。

一位曾经高考失利的女生，如何逆袭成清华教师？面对"高职生教清华学生"的质疑，她凭什么获得全网认可，成为"一课难求"的"宝藏老师"？学历标签与职业成就的冲突下，她的"破圈"密码是天赋、机遇，还是永不妥协的坚持？

成功密码

1. 高考后：以"技能赛道"破局，锚定职业方向

邢小颖高考成绩与本科线无缘，但她拒绝复读，选择了一条更务实的道路：填报陕西工业职业技术学院材料成型与控制技术专业。这一决策基于她对就业市场的敏锐洞察——材料专业毕业生因实操能力强，成为企业"抢手资源"。她坚信"技能成才"的价值，将职业教育的实践优势转化为个人发展的跳板。

2. 大学期间：以"工匠精神"破茧，突破体能与技能壁垒

体能关：从"搬不动砂箱"到"轻松驾驭"

面对铸造实训中的体力挑战（搬动重达数十斤的砂箱），她每天跑步锻炼、向体育老师请教科学训练方法，仅一学期便从体能弱势者蜕变为实训考试中的佼佼者，甚至能轻松完成比常规重一倍的砂箱操作。

技能关：实训室里的"拼命三娘"

她坚持将砂箱"拆了练，练了拆"地反复实操，成为实训室最早到、最晚走的学生。凭借"执着专注、精益求精"的态度，她练就了精湛的技艺，为进入清华奠定了基础。

3. 工作后：以"极致态度"破浪，站稳清华讲台

实习期：从"压力崩溃"到"自信授课"

19岁初到清华实习时，她因学历差距和教学压力在厂房痛哭，但随即以"死磕"精神应对：蹭课学习老教师经验、深夜对工具"模拟讲课"、备课至午夜仍反复打磨教案。首次独立授课便获学生好评，最终以实习考核第一被清华正式聘用。

职业期：持续精进的"终身学习者"

她坚持"今日事今日毕"，用日历记录待办事项并严格完成；每堂课反复修改讲稿，将铸造工艺与3D打印、虚拟仿真技术融合，打造出全网爆火的"王牌课程"。工作期间，她完成专升本、考取教师资格证、获8项清华教学特等奖，并计划攻读研究生，持续拓宽职业边界。

成长启示录

"标签无谓，赛道自选"——职校生也能拥抱星辰大海。

邢小颖的故事证明，职业教育的价值在于"真才实学"而非学历光环。她的成功密码可归结为三点：

精准定位赛道：放弃"唯学历论"，选择技能型专业，将实践优势转化为核心竞争力；

锻造硬核实力：以工匠精神打磨技能，用行动打破"女生不适合工科"的偏见；

终身成长心态：从高职生到清华教师，她始终以"奔跑者"姿态突破舒适区，证明"努力是跨越起点的最强杠杆"。

正如她所言："不管起点高低，努力带来希望。"职校生不必困于标签，而应像邢小颖一样，以技能为舟、以坚持为桨，驶向属于自己的广阔天地。

素材二 "真诚才是必杀技"：从街边理发师到全网爆红的"人民理发师"李晓华

事件概述

湖南怀化理发师李晓华，凭借"听得懂话、剪得出样"的朴实手艺和拒绝推销套路的真诚态度，从默默无闻的街边小店逆袭为全网追捧的"人民理发师"。她不办卡、不推销，仅靠一把剪刀和一双倾听的耳朵，让顾客"十赌九赢"而非"十赌九输"，引发网友共鸣。

成功密码

（1）"听得懂话"的手艺：精准捕捉需求，化抽象为具体。

顾客一句"剪短一点"或"刘海在眼睛上面一点"，李晓华能精准拿捏毫米之差，甚至将"希望改变大一些"的模糊需求转化为适合脸型的发型。这种"翻译需求"的能力，源于她对剪发技术的深耕和对顾客心理的细致观察。反观许多理发师盲目追求"流行款"，将顾客发型统一模板化，李晓华的个性化服务更显珍贵。

（2）真诚沟通：拒绝套路，以信任换口碑。

不推销办卡、不强制染烫，全程专注剪发本身。顾客进店只需说需求，无须提防"话术陷阱"。网友评价"每次剪发都像开盲盒，但结果总比预期更好"，这种确定性在充满套路的行业中成为稀缺品。

（3）踏实坚守：流量热潮中保持清醒。

面对爆红后的大排长龙和直播邀约，李晓华直言"热度过去只想老实剪发"，拒绝过度商业化。她的小店坚持亲民定价，8年来周边门店更迭无数，唯有她的理发店屹立不倒。

成长启示录

手艺要精湛：应像李晓华一样，专注打磨专业技能，将"听懂需求""精准执行"作为核心竞争力。

做事要"走心"：汽修时多问一句"您平时常跑啥路？"美发时多观察客户脸型……多听需求多用心，你就是下一个技术大神！

面对诱惑要"清醒"：别羡慕网红一夜爆红，像李晓华那样，把短视频当工具而不是主业——学会直播修车、拍做菜教程，但永远记住：手艺才是铁饭碗！

李晓华的火爆证明：手艺好才是硬道理，真诚比套路更值钱！

作文主题
技能成才、职业选择、工匠精神、终身学习、真诚沟通、踏实坚守。

文化传承，匠心永续

导语： 中华文化就像一棵老树，根扎得深，枝叶才能长得旺。它是爷爷讲的老故事，是奶奶教的家乡话，是祖祖辈辈留下来的印记。

三千年前，祖先在龟甲上刻字，把心里话留在甲骨文里；一千年前，诗人把思念写成诗，"举头望明月"成了人人会背的句子；六百年前，工匠一木一钉修故宫，房檐上的神兽至今还在替我们看家。

细品日常，文化传承就在身边：村里老木匠手把手教徒弟刨木头，学校晨读时齐声背《三字经》，过年全家一起贴春联、包饺子。守文化不是把老物件锁进柜子，而是让老手艺有人学、老规矩有人懂——就像外婆腌的酸菜，妈妈学会了，我也要学着做。这样一代传一代，文化的老根才能永远不断，我们的子孙还能指着黄河说："看，这就是我们的根。"

素材一　春节申遗成功——在回望中延续美好祈愿

2024年年底，中国春节正式列入世界非物质文化遗产。当高楼大厦里的年轻人开始用外卖代替年夜饭，当电子屏幕冲淡了爆竹声，这次申遗像一记响亮的钟声，提醒我们：有些东西不能丢。

"春节"申遗成功的背后，是无数人默默接力：八十岁的剪纸艺人王奶奶，把花样画进图画本教幼儿园孩子；云南山村的木匠父子，年年赶在腊月前做三百对木门神；语言学家翻烂了古籍，把"祭灶""守岁"这些老规矩写成白话书——他们怕的不是春节消失，而是子孙忘了自己从哪儿来。

为了打赢这场文化守护战，春运摩托大军顶风冒雪，海外游子视频拜年，以"团圆之心"凝结传承力量；奶奶教孙子用毛笔写"福"字，爷爷带着全家祭祖敬香，门楣上的火红对联带来新春曙光；河北老人坚持手打年糕70年，广东祠堂里百人同吃盆菜，苗族银匠把龙纹刻进儿童长命锁，春节民俗的延续让文化星光永不熄灭。

当然，春节申遗成功绝不是终点：小学劳动课教剪窗花，社区组织"百家宴"让空巢老人不孤单，短视频里年轻人晒自家祖传年夜饭菜谱。时间会带走很多东西，但总有些痕迹断不了。就像村口那棵老槐树，爷爷在树下听过戏，爸爸在树下放过炮，今年轮到我们挂上红灯笼。春节申遗成功不仅让世界看见中国红，更让我们记住——走得再远，也要回头看看。

素材二　故宫大修——跨越时空触摸历史余温

21世纪初的故宫，朱漆剥落、梁柱倾斜，老祖宗的手艺在钢筋水泥中逐渐褪色。2020年，故宫启动最大规模修复，瓦匠按清代秘方调八层灰泥，木匠不用一根钉子修太和殿。70岁的老匠人张铁柱带着"00后"徒弟王小川，每天跪在屋顶八小时，用猪血拌石灰补裂缝。师傅说："咱们修的不是木头瓦片，是老祖宗留给后人的话。"

深入这场跨越时空的对话，既要"亲传"——学徒前三年只能刨木头练基本功，师傅用"一尺三寸差不得"的口诀教斗拱拼接；也要"匠心"——苏州窑厂重启断代百年的"金砖"烧制，29道工序、700天周期，就为养心殿一块地砖；更要"坚守"——太和殿脊兽按原样重塑，老师傅指着螭吻说："它在这看了六百年兴衰，还得再守六百年。"

借由故宫大修，老手艺唤醒新力量：小学生蹲在养心殿前拓印瓦当纹样，农民工用直播分享"在皇帝家糊窗户纸"的过程，外国网友通过数字媒体对着乾隆书房阵阵惊叹……真正的传承不是将岁月凝固，而是让紫禁城的晨钟暮鼓继续敲响——当年轻人踩着脚手架递上一片琉璃瓦，当游客摸着斑驳宫墙说"这砖和我爷爷砌的老屋一样"，六百年的故宫就在这一刻，把历史的温度传递到了我们心中。

素材三　"纪念甲骨文发现120周年"系列活动——文明传承启新程

2019年，"纪念甲骨文发现120周年"系列活动在河南安阳盛大启幕。这场横跨双甲子的古今交响，既展示着龟甲兽骨上的岁月留痕，更闪耀着数字时代的创新光芒——甲骨文正以意想不到的方式，叩击着当代人的心门。

百年前，罗振玉踩着泥泞走遍河南村落，在农家的药材筐里翻找刻字龟甲；董作宾举着放大镜伏案十年，在细如发丝的裂纹里破解商朝密语。如今这些泛黄的甲骨有了新的守护者，数字技术让3 000年前的卜辞在云端重生。

当科学家用显微CT扫描解构甲骨裂痕，当程序员将"龙"形文字融入数字红包，当"00后"用表情包演绎远古字符，传统文化正通过科技赋能与创意转化，突破时空壁垒，在代际传承中完成基因重组。这种传承不是简单的符号复刻，而是通过幼儿园的甲骨文童谣、非遗馆的沉浸式刻写体验、山区课堂的活化教学，让文化记忆渗入当代生活肌理。

而甲骨文之所以能跨越三千年依然鲜活，正是因其既坚守着中华文明的精神密码，又以开放姿态吸收时代养分，在传统与现代的激荡中持续书写文明的新可能。这种生生不息的传承力，正是中华文化历久弥新的核心。

作文主题

文化传承、文化寻根、历史的厚度、工匠精神、坚守、继往开来。

文化创新，让文化活起来

导语：文化创新不是丢掉传统，而是用新办法让老文化跟上时代。就像祖传的手艺要学，但工具可以换新的；老故事要讲，但可以用手机直播讲得更生动。

春秋战国时，孔子把贵族的《诗》《书》编成教材，让老百姓也能读书认字；墨子研究木头齿轮和守城机关，把技术用在保护百姓上。唐朝长安满街都是外国商人，瓷器店里摆着阿拉伯玻璃瓶，壁画里画着印度飞天神女——古人早就懂得把外来文化变成自己的东西。民国时期，京剧大师梅兰芳在戏里加进电灯光效，画家徐悲鸿用西方素描技法画马，老艺术用新方法照样能打动人。

现在搞文化创新更简单了：故宫用动画讲解《清明上河图》，小学生刷短视频就能看懂；敦煌研究院开直播，带网友"云游"千年洞窟；《西游记》被改编成科幻动漫，孙悟空都玩起了人工智能。这些创新不是要改掉老文化的根本，而是帮它们找到新观众——当故宫日历变成网红手账，当穿汉服的小姐姐在抖音视频里跳古典舞，老文化就像老房子通了自来水，老树发新芽，在新时代继续活着、用着、传着。

素材一　国漫走红秘诀——《长安三万里》带火唐诗

以前大家都觉得动画片就是给小孩看的，要么搞笑要么打斗。但2023年暑假，《长安三万里》这部讲唐朝诗人的动画电影，愣是让无数大人小孩在电影院里看哭了。

剧组花了五年时间死磕细节：查了100多本历史书，就为了还原长安城真实的街景；动画师自己对着镜子学李白喝醉的样子，画了上百张草图。最绝的是《将进酒》那段：李白带着朋友骑仙鹤飞上天，银河变成瀑布冲下来，观众这才明白，小时候背的诗原来这么热血！

这片子能爆火有三个关键：

（1）把古人变"活人"——李白不是课本里冷冰冰的"诗仙"，而是会考试失败、会失业、会吹牛的普通人；高适更像现代打工人，40多岁还在边塞当小兵。年轻人直呼："这不就是我的生活吗?"

（2）用动画讲历史——不用复杂特效，就用大家熟悉的动画技术：让敦煌壁画里的人物跳舞，用电影镜头带观众逛长安西市，连马匹奔跑时肌肉怎么动都研究得明明白白。

（3）让传统变时髦——看完电影，小学生主动背唐诗，B站上"李白rap"播放破百万，西安旅游旺季挤满穿汉服的游客。原来背古诗不"土"，反而成了新潮流。

有人说这是动画片的成功，其实是传统文化的胜利。以前觉得古诗离我们太远，现在发

现：当李白在电影里大喊"天生我材必有用"时，打工人在加班时也偷偷握紧了拳头；当看到动画里灯火通明的长安城，终于懂了什么叫"大唐气象"。这才是真正的文化传承——不用死记硬背，而是让千年前的诗句，变成今天我们生活里的热血和感动。

素材二　中国游戏崛起——《黑神话：悟空》让全世界喊"猴哥"

以前大家总觉得好游戏都是外国人做的，没想到2024年夏天，全世界的游戏迷都被一只"中国猴子"惊掉了下巴。国产游戏《黑神话：悟空》一上线就卖疯了——24小时卖出上百万份，直播热度比世界杯还高，连老外都瞪大眼睛问："这真的是中国人做的？"

这支杭州小团队憋了六年大招：30多人挤在居民楼里搞开发，钱不够了就卖房子继续干。美术组为了做好孙悟空身上一根毛，把自家猫狗薅秃了研究毛发效果；程序员为了做出金箍棒砸地的真实感，真去工地抢大锤录声音。最牛的是"大战四大天王"那段，光打斗动画就做了两年，电脑渲染时烧坏三台主机！

这游戏能火遍全球就靠三招：

（1）老故事新讲法——白骨精成了机械战士，骨头缝里闪着电路板的光；雷公踩着火箭推进器飞，闪电劈下来带着赛博朋克的蓝光。原著里的小妖怪全被改成"蒸汽朋克+中国风"的混搭造型，让《西游记》像科幻大片一样酷。

（2）技术硬实力——金箍棒打碎石头时，连崩出来的小石子都会自己滚，这效果连国外大厂都直竖大拇指；妖怪洞窟里飘的灰尘，每一粒都是单独算出来的，逼真到有玩家对着屏幕打喷嚏。

（3）普通人的英雄梦——游戏里孙悟空不再是天下无敌，而是会受伤会失败的"打工人"。玩家操控他一遍遍挑战BOSS，就像现实中加班改方案、考试刷题库，通关时忍不住喊："大圣都这么拼，我凭什么放弃？"

现在全世界游戏论坛都在讨论中国神话，小学生追着爸妈买《西游记》连环画，连外国主播都开始学中文喊"师父"。它证明：传统文化不是摆在博物馆的旧书，当游戏里的土地爷张口就是河南方言，当妖怪洞窟墙上画着三星堆金面具，这些老祖宗的东西就变成了年轻人爱玩的"活宝贝"。最让人感动的是，很多"00后"玩家说："通关后我把《西游记》原著读了三遍。"原来文化传承根本不用强迫——只要给孙悟空装上酷炫铠甲，给神话故事插上科技翅膀，五千年的文明自己就会在游戏手柄上活过来。这场游戏热潮悄悄完成了一次文化翻身仗：从此全世界都知道，最帅的齐天大圣，一直藏在咱中国人的故事里。

素材三　春晚破圈——《秧BOT》用机器人大秧歌点燃全网

当观众抱怨春晚越来越难懂时，2024年除夕夜，一群穿花袄、扭秧歌的机器人突然刷爆热搜。这个名叫《秧BOT》的节目，让东北大秧歌和赛博科技撞出火星子：机器人甩着

红绸子跳十字步，电子屏背景炸开烟花特效，连伴舞的机械狗都戴着虎头帽。

创作团队啃了八个月硬骨头：给机器人关节装上弹簧模仿人类扭腰，编程时卡壳就把秧歌队请到实验室现场教学。最绝的是高潮部分——200台机器人突然变换队形，用机械臂拼出巨型"福"字，让电视机前的老百姓直拍大腿："这比烟花还带劲！"

这场"土味科技秀"走红有三把火：

（1）传统添把柴——不用LED堆特效，就让机器人扎绿头绳、穿百家布，把每个动作卡在秧歌鼓点上；

（2）科技扇阵风——机械臂跳的十字步比人类还标准，空中翻跟头时关节摩擦声都带着东北大碴子味；

（3）情感点簇火——当80岁奶奶跟着机械队扭胯，当"00后"边刷弹幕"DNA动了"边翻出压箱底的绣花鞋，证明老手艺根本不用"供起来"。

现在县城广场冒出机械秧歌队，小学劳动课开始教编程控制红绸舞，海外视频网站出现"从秧歌到机器人"二创热潮。它戳破了一个误区：文化传承不是给老古董刷金漆，当机器人跳出姥姥的舞步，当科技能让陕北腰鼓震响元宇宙，这才是真正的守正创新——老根子上长新芽，老手艺里蹦出未来。

作文主题

文化创新、文化自信、科技力量、专注、坚持、精益求精、平凡中的不平凡。

参考答案

第一章　审题立意

即时训练

【即时训练1】

审题：

通过提炼材料的主要内容，我们发现材料只是叙述了"一个人、两件事"：一是"工作"让工作的人有个好身体；二是"工作"让工作的人有个梦想。将两件事进一步提炼，命题者的思路也就水落石出了：一份经常需要日晒雨淋、异常艰苦的"工作"，在乐观的袁隆平看来，那些艰难困苦对自己是一种锻炼；袁隆平之所以乐观，是因为心中有一个梦想。

参考立意：

围绕"艰难困苦，玉汝于成"展开，立意：笑看苦难、挫折，将之当作成功道路上的磨炼；也可以围绕"梦想"展开，立意：正是因为心中有梦想、目标，一切艰难困苦都阻挡不了成功。

【即时训练2】

审题：

材料第一句话引出"英雄"这一关键词。接下来阐述哪些人是英雄，并由此指出，英雄主义情怀不能被磨灭。联系社会现实，结合自身感悟即可。我们可以做英雄，也应该选择尊崇英雄，而英雄主义情怀从古到今都不会磨灭。

参考立意：

（1）崇尚英雄，付诸行动；

（2）立足平凡，争做英雄；

（3）英雄情怀，从未消弭。

【即时训练3】

审题：

这是一则寓言型的材料作文，非常适合用由果溯因法去审题立意。从结果入手，结果就是，乌龟最终碌碌无为地在小池塘里过完了自己的一生。为什么会这样？一是因为它有想法，却没有行动；二是因为立志不切实际，好高骛远，不肯脚踏实地。根据原因确定立意，这里的结果是坏的，我们就否定它的原因，由此可以确定立意。

参考立意：

（1）确定恰当的目标；

（2）人贵有实干精神；

（3）心动不如行动。

【即时训练4】

审题：

三则材料放到一起，内在的逻辑关系是什么？就是它们有一个共同点，都是在谈"苦境"和"乐境"，三则材料都出现了相同的字"苦"，相同的词"苦境"，所以它们就是关键的字词。材料一提出话题"苦与乐"，初步表达观点"苦境乐境要善处"；材料二、三进一步强调了"苦境"和"乐境"的关系，强调苦乐思辨关系，即"苦境会变为乐境，乐境也会成苦境""境由心造，事在人为""苦境、乐境都是对人生的考验"等。写作时一定要写出苦与乐的思辨关系。

参考立意：

（1）直面苦境，苦中求乐；

（2）在苦境中磨砺，于乐境中自省；

（3）苦境不馁，乐境不骄。

实战演练

（1）审题：

这则材料当中，"尚勇"及相关的"勇于"等词多次重复出现，很明显它就是本则材料作文的主角，是核心，所以立意就要紧紧围绕"尚勇"去写，可以写为什么要"尚勇"，"尚勇"的内涵及怎样"尚勇"等。

参考立意：

①尚勇是中华民族宝贵的"中国精神";

②我们要勇于奋斗、反抗、创新;

③要有勇气,我们读英勇奋斗史,汲尚勇民族魂;

④我们要在理想与明辨中播种英勇。

（2）审题:

材料第一段列举了2024年巴黎奥运会上成功和失败的例子,第二段引用习近平总书记的话评价奥运健儿们的表现,主要是对总书记的话进行辩证的分析:不以胜负论英雄,奥运健儿的拼搏努力精神是值得肯定的,尤其是那些老将,虽未能蝉联冠军,遗憾退场,亦不失英雄本色;后一句强调英雄的本质就是要有敢于争先的精神,以此来勉励奥运健儿要为国争光。

其实不仅仅是针对奥运健儿,对我们每个人尤其是青年学生来说,这种勇争第一的英雄精神是非常可贵的,凡事争一争,是一个证明自己的过程,争成功了,就能证明你的实力。即使失败了,也不以胜负论英雄。这个题目对成功的界定不在于结果怎么样,而在于要有拼搏、努力、敢于争先的精神,要有勇争第一的精神,这也是在审题的过程中要明确的重点。

参考立意:

①勇于争先,创造精彩;

②勇敢拼搏,超越自我;

③卓然不群,敢于争先。

（3）审题:

先抓关键句:这种"脆皮"不仅仅体现在身体上,也体现在心理、社会适应等方面。再使用因果分析法:要关注材料中出现的多个概念,进行多层次追问:为什么会出现"脆皮现象"?为什么要追求健康?怎么追求健康?为什么不注重健康管理?怎样注重健康管理?为什么用"享受"这个词?为什么健康是"一件愉悦自己的事"?材料最后一句对脆皮现象进行了延伸,也提示了写作的思路、角度:身体上、心理上、社会适应上等。

参考立意:

①强筋健骨盈身心,乘风顺流迎社会;

②拒绝脆皮,迎战风雨;

③拒绝脆皮现象,成就坚毅人生;

④破身心脆皮,塑茁壮青年;

⑤野蛮体魄,强健精神。

第二章 标题设置

即时训练

【即时训练1】科技腾飞展时代新颜，传统守护续文化根脉

【即时训练2】以青春之我，筑时代之长城

【即时训练3】碎片化阅读：是便利还是陷阱？

【即时训练4】疾驰的时代车轮下，寻找心灵的桃花源

【即时训练5】减负不减质：走向真正的素质教育

【即时训练6】友谊——生命中的第二个太阳

实战演练

（1）示例：

①旧诗新韵写青春

②守正创新是最好的传承

③传千年文脉，创时代新声

（2）示例：

①苔花绽放牡丹路

②没有日积月累，何来一鸣惊人？

③今日萤火微光，他年星河长明

（3）示例：

①键盘上的知识陷阱

②当思考被"秒答"，我们失去了什么？

③慎用搜题软件，守护独立思考

（4）示例：

①专注的力量

②听戏三日，不如画尽一生

③心无旁骛，方得始终

（5）示例：

①给童心穿上"防弹衣"

②"长不大"？不过是在寻找自己的路

③拒绝成长非懦弱，守护童心是勇气

第三章　开头

即时训练

【即时训练1】

内容：被塞壬女妖的歌声诱惑的船只触礁沉没，成为猎物。

哲理：抵抗诱惑，方能保全自我。

开头：被塞壬女妖的歌声诱惑的船只触礁沉没，成为猎物，而能抵抗诱惑的船只则安全航行。生活亦如海上的航行，诱惑无处不在，唯有学会抵抗，方能保全自我，抵达成功的彼岸。

【即时训练2】

历史背景：从铁器时代到智能化、数字化社会。

核心内涵：技术创新推动社会变革与发展。

开头：自铁器出现奠定人类文明基础以来，到人工智能、物联网等新兴技术的发展，每一次技术的革新都在深刻地重塑着我们的生活和社会结构。从古至今，技术始终是推动历史车轮滚滚向前的重要力量。因此，技术创新不仅是社会进步的引擎，更是人类文明不断跃升的关键所在。

【即时训练3】

人物事迹：治沙英雄石光银坚持不懈治理毛乌素沙地。

精神品质：坚韧不拔的奉献精神引领生态治理新篇章。

开头：治沙英雄石光银与肆虐的风沙展开了数十年的较量，面对重重困难与挑战，他从未有过退缩，以坚韧不拔的奉献精神，不仅成功治理了大片荒漠，还探索出治沙造林新模式，改善了生态环境。石光银的事迹，如同一曲激昂的绿色赞歌，激励着无数人为理想和美好家园坚持奋斗。

【即时训练4】

争议问题：年轻人是否应盲目追求成为"网红"？

个人观点：青年应理性追梦，注重自我提升与长远规划。

开头：随着网络直播行业的发展，越来越多的年轻人踏上了成为"网红"的职业道路，引发了社会各界的广泛关注与热议。的确，网络直播为年轻人提供了展示自我的舞台，但是也可能导致年轻人陷入虚荣浮躁的泥潭，忽视了学业与个人成长的重要性。因此，青年在追求个人梦想的同时，更应保持理性，注重自我提升与长远规划，这样才能拥有更美好的未来。

实战演练

（1）示例：

仙人掌舍叶存根，以隐忍之态蛰伏于荒漠；胡杨树张扬枝叶，却以枯槁之躯湮灭于黄沙。荒漠的生存法则昭示：对抗自然的蛮勇终将溃败，唯有敬畏规律、收敛锋芒，才能在绝境中开辟生路。生存的智慧，有时恰是"不争"的哲学。

（2）示例：

二十六载如一日，身处核电站最深处的蔚蓝水池畔，乔素凯与高危核燃料相伴，始终保持着操作零失误的奇迹。这份对核燃料的深深敬畏，让他在生死边缘坚守，铸就了核燃料操作领域的不朽传奇。这惊心动魄的日常，却诠释了职业精神的真谛：唯有心怀敬畏，方能在危机中育新机，最终抵达成功的彼岸。

（3）示例：

从 1921 年南湖红船上青年党员以赤诚之心点亮民族复兴的曙光、1964 年大漠深处青年科研者用热血托起震撼世界的蘑菇云到 2003 年中国青年航天员叩响宇宙之门，时代浪潮奔涌，中国青年始终以铁肩扛起使命，以足迹丈量山河。历史与实践昭示：青年勇担使命，国家方能崛起！

（4）示例：

焦老师以微信红包为"诱饵"，将出勤率、课堂表现与物质奖励挂钩，使得学生逃课现象清零、课堂互动激增。这一创新举措引发了多方争议。当红包撬动学习热情成为争议焦点，我们不得不深思：教育的激励边界何在？真正的成长不应被物欲捆绑，而应唤醒内驱力，在尊重规律与守护价值的天平上，让教育回归启迪心灵、塑造人格的本真使命。

第四章　分论点设置

即时训练

【即时训练 1】

分论点①：坦然是一种沮丧时的调适；

分论点②：坦然是一种付出后的心安；

分论点③：坦然是一种受挫后的坚强。

【即时训练 2】

分论点①：事物是复杂的，因此答案不止一种；

分论点②：人的思维是受多种因素影响的，因此答案不止一种；

分论点③：评判事物的标准不同，因此答案不止一种。

【即时训练3】

分论点①：忙要有正确的方向；

分论点②：忙要有科学的方法；

分论点③：忙要"有为有不为"。

【即时训练4】

分论点①：严于解剖自己，首先对自己要有自知之明；

分论点②：严于解剖自己，还要勇于自我批评；

分论点③：严于解剖自己，更要学会追求真理和崇高的信念。

【即时训练5】

分论点①：正视自己，就是看清自己的优势和劣势；

分论点②：只有正视了自己，才会正视未来；

分论点③：我们不仅要正视自己，也应正视现实。

【即时训练6】

分论点①：只有通过实践才能认识事物，把握事物的发展规律；

分论点②：不参与实践，闭门造车，就不能寻找到解决问题的关键。

【即时训练7】

分论点①：安是一种渴望与满足；

分论点②：不止于安，是一种奋进与追求。

实战演练

(1) 示例：

中心论点：为人当勤劳。

是什么
$\begin{cases} 分论点①：勤劳是爱岗敬业的实干精神； \\ 分论点②：勤劳是锐意进取的奋斗精神； \\ 分论点③：勤劳是追求卓越的创新精神。 \end{cases}$

为什么
$\begin{cases} 分论点①：勤劳是财富的源泉； \\ 分论点②：勤劳是幸福的基础； \\ 分论点③：勤劳是发展的动力。 \end{cases}$

或者：

为什么
$\begin{cases} 分论点①：勤劳，才能实现美好理想； \\ 分论点②：勤劳，才能破解各种难题； \\ 分论点③：勤劳，才能铸就生命辉煌。 \end{cases}$

　　　　　　　　　分论点①：勤劳需要"弄潮儿"挺身而出；

怎么办　分论点②：勤劳需要劳动者埋头苦干；

　　　　　　　　　分论点③：勤劳需要大力弘扬劳动精神。

（2）示例：

中心论点：心中拥有理想，人生才能走得更远。

分论点①：理想是对未来事物美好的想象和期望；（是什么）

分论点②：理想能调动积极的心理预期，使人奋发向上；（为什么）

分论点③：只有坚持不懈，勇于接受挑战者才有可能把理想变为现实。（怎么样）

（3）示例：

中心论点：人要有涵养。

分论点①：有涵养，面对批评和颜悦色，洗耳恭听，虚心接受；

分论点②：没有涵养，面对批评面红耳赤，恼羞成怒，一意孤行。

第五章　分析论证段

即时训练

【即时训练1】

观点句：织成一张新时代的伟大"天网"，需要团结一致的精神。

阐释句："北斗三号"中的"吉星"，形单影只时，再强大也无法提供定位功能，健全的卫星导航系统离不开每一颗卫星。同理，个体的力量始终是有限的，只有融入集体，与其他个体保持紧密协作，才能织就牢不可破的"天网"。

材料句：中国女排在低谷中奋起，拼搏不息，从不放弃，不惧强敌。

分析句：这些优秀的姑娘为了共同的梦想走到了一起，团结一心，锻造出民族性格，铸就了国家的辉煌。

结论句：一个又一个热情的人凝聚在一起，一个又一个上进的集体凝聚在一起，终能织成牢不可破的"天网"。

【即时训练2】

孤独使人沉淀自我，让人得以厚积薄发，一鸣惊人。孟德尔八年致力于豌豆杂交实验，萨姆纳提纯脲酶用了九年，袁隆平研究杂交水稻更是用了几十年……在未出成果前，他们一直默默无闻，孤独自守，正是这段孤独寂寞的时光，使他们能够静心沉潜、铢积寸累、提升自我，直到轰动整个世界。

【即时训练3】

假设①：如果马云在创业初期因失败而放弃，中国电商行业可能错失一位领军人物，全球互联网格局也将大不相同。

假设②：如果他坚持不断学习和改进，阿里巴巴将不仅是一家电商公司，更会成为推动数字经济发展的全球巨头。

【即时训练4】

原因①：阅读能够拓宽视野，增长见识。

原因②：阅读可以培养思维能力，提升表达水平。

结果①：个人的知识储备和综合素质得到显著提升。

结果②：在学习和工作中更容易脱颖而出，获得成功的机会。

【即时训练5】

对比分析：两家企业的不同结局表明，诚信经营能够赢得长远发展，而欺骗行为只会导致短暂的虚假繁荣，最终自食恶果。诚信不仅是企业生存的基石，更是赢得社会尊重的根本。

【即时训练6】

归纳总结：从科学研究到企业发展，再到社区治理，合作始终是解决问题的关键。无论是面对全球性挑战，还是处理日常事务，合作都能凝聚智慧与力量，创造更大的价值。

实战演练

（1）示例：

以"语言是化解误会的良药"为中心论点。

观点句：语言是化解误会的良药。

阐释句：误会往往源于沟通不畅或信息不对称，而语言作为人类最重要的交流工具，能够通过清晰的表达和真诚的沟通，消除误解，重建信任。

材料句：在《红楼梦》中，贾宝玉和林黛玉之间曾因误会而心生芥蒂，但最终通过坦诚的对话化解了矛盾，重归于好。这一情节生动地展现了语言在化解误会中的重要作用。

分析句：如果贾宝玉和林黛玉选择沉默或逃避，误会可能会不断加深，甚至导致无法挽回的后果。然而，正是因为他们敢于用语言表达内心的真实想法，才让误会得以消除，感情得以修复。由此可见，语言不仅是沟通的桥梁，更是化解误会的关键。

结论句：因此，在人际交往中，我们应善于运用语言，通过真诚的沟通化解误会，让关系更加和谐。

（2）示例：

分析论证段：以"宽容者，成大事"为中心论点。

观点句：宽容者，成大事。

阐释句：宽容是一种胸怀，更是一种智慧。它不仅能化解矛盾，还能凝聚人心，为成就大事奠定基础。

材料句：唐太宗李世民以宽容治国，重用曾经的政敌魏征，听取其直言进谏，最终开创了"贞观之治"的盛世。魏征的忠诚与李世民的宽容相辅相成，成为历史上君臣合作的典范。

分析句：如果李世民因魏征曾是敌对阵营的人而排斥他，不仅会失去一位贤臣，还可能埋下政治隐患。然而，正是李世民的宽容大度，让他赢得了魏征的忠心，也为自己开创盛世铺平了道路。由此可见，宽容不仅是个人修养的体现，更是成就大事的关键。

结论句：因此，宽容者不仅能化解矛盾，更能凝聚力量，最终成就非凡事业。

(3) 示例：

以"行动是实现梦想的桥梁"为中心论点。

观点句：行动是实现梦想的桥梁。

阐释句：梦想是人生的灯塔，但只有通过实际行动，才能将梦想从虚幻变为现实。没有行动，梦想永远只是空想。

材料句：马云在创立阿里巴巴之前，经历了多次创业失败，但他从未停止行动，最终通过不懈努力，打造了全球知名的电商平台。

分析句：如果马云只是空有梦想而不付诸行动，阿里巴巴可能永远不会诞生。正是因为他敢于尝试、勇于行动，才将梦想变为现实，改变了无数人的生活。

结论句：因此，梦想固然重要，但唯有通过行动，才能架起通往成功的桥梁，让梦想照进现实。

第六章　结尾

即时训练

【即时训练1】

结尾参考：

人间有味是清欢。抓不住明月的影，但求留住一颗琥珀的心。繁忙的生活中，饮一杯淡淡的矿泉水，哪怕是片刻的清欢，也会带给你一番别样的感受。

【即时训练2】

结尾参考：

时代的责任赋予青年，时代的光荣属于青年。家国情怀，在一代代中华儿女的血脉中绵

延流传，激励一代代青年奋勇直前。如今的中国海晏河清，国富民强。吾辈青年当"以吾辈之青春，护我盛世之中华"！

【即时训练3】

结尾参考：

自信令生命盛放，反省令生命舒展，突破令生命磅礴，它们共同敛染出生命绚丽的模样。因此吾辈青年更应自信自省自强，与家国共兴，乘长风破万里浪，举高翮入千山云！

【即时训练4】

结尾参考：

泰戈尔曾深情落笔："愿我们每个人都能活成一束光，绽放着所有的美好。"神州华夏亦期待着吾侪能以拒绝"躺平"，砥砺前行之精神之火，点火树银花千万朵，亮岁月承平国葳蕤！

【即时训练5】

结尾参考：

"坚守价值虽可贵，吾心归处是创新。"山山而川，潺潺而溪，中国因日益强大攀得璇玑之上，步入世界舞台中央。吾辈自当濡染此百年峥嵘之芳华，以振兴中华为己任，路遇风云转折，仍道事业可筹、未来可期！

实战演练

（1）示例：

生逢盛世当欣逢盛世，作为新时代青年，既仰视立志，又俯视明史，同时平视而宁静致远，以此接过时代的接力棒，为人生而奋斗。三视青山，心远自得。以自得处人生，得平芜尽处之春山。

（2）示例：

恰同学少年，风华正茂，以青春之我，成就青春之中国，挥斥方遒，指点江山，摘星辰为眸，揽骄阳作灯，扬青春之帆，莫忘少年凌云志，奋斗逐梦新时代，赴青春之约，写生命华章。

（3）示例：

理想因其远大而为理想，信念因其执着而为信念。罗曼·罗兰曾说："暂时的是现实，永恒的是理想。"有了理想，便有了希望，有了奋斗的方向。漫漫人生，唯有激流勇进，不畏艰险，奋力拼搏，才能中流击水，抵达光明的彼岸。山再高，往上攀，总能登顶；路再长，走下去，定能到达。吾辈青年，当勇踏奋斗之路，沿途绽放的必是理想之花！